煤炭老矿区转型发展研究

大同矿区“四元”协同模式创新与实践

郭金刚　著

图书在版编目（CIP）数据

煤炭老矿区转型发展研究：大同矿区“四元”协同模式创新与实践 / 郭金刚著 .
—北京：中国发展出版社，2020.12

ISBN 978-7-5177-1157-5

Ⅰ . ①煤… Ⅱ . ①郭… Ⅲ . ①煤炭工业—企业集团—发展模式—研究—大同 Ⅳ . ① F426.21

中国版本图书馆 CIP 数据核字（2021）第 009356 号

书　　名： 煤炭老矿区转型发展研究：大同矿区“四元”协同模式创新与实践
著作责任者： 郭金刚
出 版 发 行： 中国发展出版社
联 系 地 址： 北京经济技术开发区荣华中路 22 号亦城财富中心 1 号楼 8 层（100176）
标 准 书 号： ISBN 978-7-5177-1157-5
经　销　者： 各地新华书店
印　刷　者： 北京市密东印刷有限公司
开　　本： 710mm × 1000mm　1/16
印　　张： 14
字　　数： 188 千字
版　　次： 2021 年 1 月第 1 版
印　　次： 2021 年 1 月第 1 次印刷
定　　价： 59.00 元

联 系 电 话：（010）68990630　68990692
购 书 热 线：（010）68990682　68990686
网 络 订 购： http://zgfzcbs. tmall. com
网 购 电 话：（010）88333349　68990639
本 社 网 址： http://www.develpress. com. cn
电 子 邮 件： 370118561@qq. com

前 言

能源是工业的粮食。以煤为主的能源资源禀赋决定了煤炭工业伴随我国的工业化进程快速发展。经过70余年的开发，中华人民共和国成立初期即开始大规模建设的煤矿区已成为老矿区。煤炭老矿区长期专注于煤炭资源开采，存在资源持续问题突出、产业结构单一、社会负担重、生态环境欠账多等问题。在我国进入新时代，煤炭供给侧改革、能源结构调整、绿色低碳发展的新形势下，煤炭老矿区可持续发展面临巨大挑战，产业转型势在必行。

大同矿区经过70余年的快速发展，浅部优质资源逐步枯竭，而深部煤炭资源煤质较差，企业经营风险增大，同时，随着外部环境约束的加强，发展瓶颈凸显，亟待转型。大同矿区的转型并不是简单转产，而是在党中央、国务院和山西省委、省政府的领导下，在矿区班子的精准谋划下，充分发挥煤炭开采主业的优势，提前布局、环环紧扣、稳扎稳打，围绕新旧动能转换和企业可持续发展的目标，提高煤矿开采机械自动化装备水平，用先进产能替代落后产能，打造千万吨级矿井集群，实现石炭二叠系和侏罗系双系煤层协同开发；通过延伸煤炭利用产业链条，将煤炭资源就地转化，提升煤炭资源附加值，建设百亿级循环经济园区，实现煤炭开发与利用协同；落实传统产业的资金链和销售渠道，构建资金融通大平台，建设大销售体系，实现新兴产业与传统产业协同；奠定经济发展的生态环境基础，提升品牌价值和影响力，实现环境与经济协同。最终形成了“新老矿井协同、煤炭开发与利用协同、新兴产业与传统产业协同、环境与经济协同”的大同矿区“四元”协同发展模式。

通过“四元”协同转型发展，大同矿区发展了先进产能，形成了竞争优势；走出了“发展煤、延伸煤、超越煤”的发展路径；建起了多领域、全方位的人才高地；提升了品牌效应和市场竞争力；在“十二五”期间，完成了煤炭产量、电力装机容量、投资总额、资产总额、营业收入、人均工资“六个翻番”，成功地由单一型、粗放型、传统型的煤炭企业，转变为多元化、精细化、生态化的煤炭企业。

当前，我国进入高质量发展的新时代，煤炭行业转型升级更为紧迫，国有企业改革进入深水区，系统回顾和总结大同矿区“四元”协同发展模式的构建历程，在前瞻管理理念、企业转型发展等方面取得的成功经验，以期为我国煤炭老矿区转型发展提供借鉴。

郭金刚

2020 年 7 月

目　录

第一章　煤炭老矿区转型发展背景

第二章　转型协同发展的融合生长理念

第三章　大同矿区“四元”协同发展模式内涵和体系

第四章　新老矿井协同发展

第五章 煤炭开发与利用协同发展

第六章 新兴产业与传统产业协同发展

第七章 环境与经济协同发展

第八章 大同矿区“四元”协同发展模式实施保障

第九章 大同矿区“四元”协同评价

第十章　大同矿区“四元”协同发展模式价值意义

第十一章　煤炭老矿区转型发展展望

第一章

煤炭老矿区转型发展背景

煤炭支撑了我国国民经济的快速发展，经过70余年的开发，中华人民共和国成立初期即开始大规模建设的煤矿区多数已成为老矿区，煤炭资源接近枯竭。煤炭老矿区长期专注于煤炭资源开采，产业结构单一，在我国进入新时代供给侧结构性改革、能源结构调整、生态环境约束加强的新形势下，老矿区的可持续发展面临巨大挑战，产业转型势在必行。大同矿区作为我国重要的大型能源企业，"煤炭老矿区"特点属性鲜明，其转型发展对我国煤炭企业、山西省资源型经济转型发展具有重要的示范意义。

第一节　老矿区可持续发展面临挑战

一、老矿区面临的宏观环境

（一）经济进入新阶段，发展面临新挑战

当前，世界经济仍处在国际金融危机后的深度调整期，发达经济体经济复苏缓慢，发展中国家经济增长明显放缓，世界经济全面复苏尚需时日。联合国《2018世界经济形势与展望》指出，东亚和南亚仍为世界上最具经济活力的区域。但受到逆全球化思潮的持续影响，贸易保护主义抬头，

全球主要国家或将退出量化宽松货币政策。受资本紧缩导致的金融风险以及局部地区战争冲突等原因的影响，世界经济还存在很多不确定性和不稳定性。

我国经济也已进入新阶段，“中高速、优结构、新动力、多挑战”成为主要特征，经济增长的动力正在从要素驱动、投资驱动向创新驱动加快转变，增长速度换挡、发展方式转变、环境约束加强，给传统产业带来了新的挑战和机遇。必须培育新增长点，优化发展格局，顺应全球产业发展趋势，形成产业优势，通过技术创新、产品创新和商业模式创新加快转型升级，打造竞争新优势，才能在未来市场中具有竞争力。

（二）新一轮能源革命正在发生

我国经过 30 多年高速发展，社会生产力水平显著提高的同时也带来了大气污染、水污染、土地荒漠化和沙灾等环境问题，主要污染物排放总量超过了环境自净能力。有关监测数据显示，全国 90% 城市空气质量超标，37% 的主要河流、湖泊水质超过Ⅲ类标准。环境承载能力已经达到或接近上限，生态保护形势严峻。

面对资源环境的突出矛盾，国家高度重视清洁绿色发展。2014 年 6 月，中央财经领导小组会议提出了我国新时期能源革命战略，并强调“大力推进煤炭清洁高效利用”。2013 年 9 月，国务院发布《大气污染防治行动计划》，部署大气污染物控制减排问题。2014 年 9 月，国家发展和改革委员会、环境保护部、国家能源局联合发布《煤电节能减排升级与改造行动计划（2014—2020 年）》，要求加快推动能源生产和消费革命，进一步提升煤电高效清洁发展水平。2014 年 11 月，国务院发布《能源发展战略行动计划（2014—2020 年）》，要求到 2020 年煤炭消费总量控制在 42 亿吨。2014 年 12 月，国家能源局等三部委发布《促进煤炭安全绿色开发和清洁高效利用的意见》。2016年11月，国家能源委员会会议审议通过的《能源发展“十三五”规划》提出，“十三五”时期是我国实现非化石能源消费比重达到15%目标的决胜期，也是为2030年前后碳排放量达到峰值奠定基础的关键期（徐军库，2019），将着力降低煤炭消费比重，加快散煤综合治理，大力推进煤炭分质梯级利用。党的十九大报告指出：我国经济社会发展进入新时代，要求构建清洁低碳、安全高效的现代能源体系。目前，我国加大了天然气、页岩气、新能源等非煤能源开发的政策力度和资金投入力度，各种鼓励和优惠政策不断出台，必然导致煤炭市场空间逐渐被其他优质低碳能源挤占。

进入中国特色社会主义新时代，随着我国生产力水平的提升和人们对生活品质要求的提高，工业生产和人民生活对能源的要求发生了深刻变化，能源由高碳向低碳发展的趋势明显，新一轮能源革命正在发生。

（三）煤炭行业处于重大变革期

1. 煤炭正由主体能源向基础能源转变

中国经济正在全面转型发展，未来，中国的能源结构将进一步优化，煤炭占比将持续下降。煤炭占一次能源的比重已由2007年最高的72.5%降至2018年的59%。据谢和平院士预测，2025年我国煤炭占比将达到51%；考虑到非化石能源发展的潜力，非化石能源占比将由2018年的13.6%进一步增加到2025年的17.7%。由此可见，煤炭正由主体能源向基础能源转变，绿色能源发展将迈上新台阶。

2. 煤炭供需格局将发生较大变化

过去几十年，社会经济的发展对煤炭的需求持续增长，煤炭行业发展迅速，采煤机械化程度由 1978 年的 30% 左右增加到 2018 年的 97.9%，生产工效由 1 吨 / 工增长到 6.681 吨 / 工，单井最大生产能力由 300 万吨 / 年增加到 2800 万吨 / 年，全国煤炭产量由 1978 年的 6.2 亿吨增加到 2018 年的 36.8 亿吨，累计生产煤炭 773 亿吨，基本解决了产能产量不足的问题，煤炭供需向“结构性不足、全国煤炭总量长期过剩”转变。

3. 我国煤炭逐步从资源依赖模式向高质量发展模式转变

随着煤炭生产安全需求的提高、煤炭生产和消费节能环保要求的趋严，煤炭企业的生产经营方式发生重大改变，这催生了对煤矿机械化、自动化、智能化甚至无人化开采技术、煤炭清洁高效利用技术等一批新技术的需求。这些技术变革将衍生出一系列的服务需求，煤炭行业将逐步成为先进技术的应用主体和推动煤炭行业先进技术服务以及扩散到其他行业的实施主体。煤炭行业将逐步从劳动密集型行业转为技术密集型行业。

（四）转型是新时代煤炭企业发展的必然要求

1. 能源结构调整迫使煤炭企业转型发展

（1）全球一次能源需求、煤炭需求增速放缓，倒逼煤炭企业转型升级。

1965 ~ 2012 年，全球一次能源消费复合增速为 2.5%，与 GDP 增长基本保持一致。但从 2012 年以来，随着能源效率的提升，一次能源消费增速明显低于 GDP 增速：2012 ~ 2018 年全球 GDP 年均增速为 2.8%，2018 年全球 GDP 实际增长率约为 3.7%，高于 2017 年约 0.1 个百分点。煤炭作为重要的一次能源，需求增速不断放缓，据国际能源署（IEA）统计，全球煤炭需求增速自 2014 年以来开始下降，低于一次能源消费增速。

2018 年比 2014 年煤炭需求增速下降了 4.2% 左右，未来全球煤炭需求的增长将从 2018 年的年均增长 0.7% 进一步降低到年均增长 0.2%，煤炭市场需求量大幅增加的情况将不可能再出现。全球一次能源和煤炭的需求增速放缓，迫使煤炭企业必须加快转型升级的步伐，寻求新的经济增长点。

（2）可再生能源迅速发展，促使煤炭企业进行深度调整，寻找转型发展之路。

相对于全球一次能源需求和煤炭需求放缓，可再生能源的生产和消费迅速增长。《BP 世界能源统计年鉴》显示，2018 年可再生能源发电量与上一年同期相比增加 7.9%，高于 10 年平均值，也是有记录以来的最大年增长；而中国的可再生能源发电增长了 2500 万吨油当量，已成为全球最大可再生能源生产和消费国（张茂荣等，2019）。

在我国产业政策的引导和鼓励下，天然气、核电、水电和其他可再生能源快速发展，已成为能源供应的重要组成部分，对煤炭的替代作用不断显现。2018 年，煤炭占我国能源消费总量的比重为 59%，石油占 18.9%，天然气占 7.8%，其他能源占 14.3%，能源多元化趋势明显。图 1–1 为 2008 ~ 2018 年我国能源消费结构变化情况。

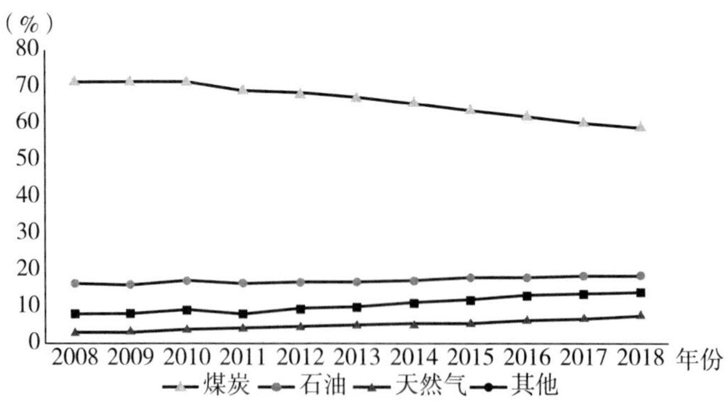

图1-1 2008 ~ 2018年我国能源消费结构

未来，进一步加快发展水电、核电、风电、太阳能等清洁能源，加快能源结构调整，与世界同步进入低碳能源时代，是我国能源发展的必然方向，新能源和可再生能源对化石能源特别是煤炭的增量替代效应将加快显现。可再生能源迅速发展促使煤炭企业必须调整发展思路，寻找转型发展之路。

2. 生态环境约束倒逼煤炭企业转变发展方式

党的十九大报告提出，要着力解决好发展不平衡不充分问题，满足人民日益增长的优美生态环境需要。人民对美好生活的向往、社会公众对环境风险认知和防范意识增强，使人民对环境安全、环境质量改善的诉求更加强烈，人民群众对清新空气、清澈水质、清洁环境的需求越来越迫切（陈茜等，2019）。传统煤矿开发引发了采煤沉陷区破坏，煤炭利用过程中排放的 SO_2、烟尘和 CO_2 等引发严重环境问题，其发展方式不可持续，生态环境要求煤炭企业必须改变现有粗放发展方式，转型升级，实现煤炭的清洁、绿色、低碳发展。

综上所述，我国经济进入新常态，发展进入换挡转变期，与此同时，新一轮能源革命也正在发生，随着外部环境的变化，老矿区发展也迎来了重大变革期。

二、生存发展迫使老矿区转型发展

煤炭是我国的主体能源，丰富的煤炭资源可以为国内的生产生活提供便利，能够以相对低廉的成本获取工业动力来源和生活照明取暖物质，为国家能源安全提供可靠保障。然而由于煤炭的不可再生性，倘若坚持传统的单一生产经营模式，煤炭企业势必随着资源的枯竭而走向衰退。2018 年，原中央直属的94家煤炭企业，已有2/3的矿山进入中老年期及衰退期，主要集中在为我国工业发展服务70余年的老矿区。煤炭老矿区的生存环境面临重大挑战。

（一）资源接续问题突出

煤炭作为我国能源供给的最重要组成部分，产量已从年产3000万吨（1949年）增长至36.8亿吨（2018年），实现了我国能源供给由短缺向总量基本平衡的重要转变。长期高强度的开发，导致老矿区煤炭资源难以维系。目前，北京、江苏与东北地区煤炭资源趋于枯竭；福建、江西、湖北、湖南、广西、重庆、四川煤炭资源仅有零星分布；鲁西、冀中、河南、两淮等煤炭基地资源储量也已很有限；而晋北、晋中、晋东基地尚未利用的资源多在中深部且煤质下降，优质资源量锐减。全国已有2/3的煤炭矿区进入中老年期及衰退期，如开滦、冀中、淮南、淮北、兖矿、龙煤、沈煤等。以传统单一化开采模式经营的煤炭企业，势必随着资源的枯竭而走向衰退，煤炭资源难以接续已成为制约煤炭老矿区生存与发展的关键问题。

（二）产业结构单一

在计划经济时代，煤炭企业是国家经济的支柱，由此形成的煤炭老矿区的发展方式已经基本定型。老矿区多以煤炭开采为主业，产业结构相对单一，技术相对简单，转型升级过程中面临人才短缺等问题，转型和升级困难巨大。在煤炭市场低谷时期，企业经营状况持续恶化，资金紧缺，金融风险大幅增加，甚至存在债务违约的风险，煤炭企业的主业陷入危机。许多城市都是因为煤炭开采而发展起来，老矿区周边的相关产业主要依靠煤炭企业，服务煤炭企业。由于多数煤炭企业工种结构单一，高素质人才较少，当煤炭资源枯竭后，单一的劳动技能、技术结构使人员安置困难，多数人员处于待岗、下岗状态，再就业机会少、就业能力差，大量的人员无处安置，老矿区周边原本依附煤炭企业的相关产业难以维系，社会矛盾凸显。

（三）历史遗留问题复杂

经过长期发展，煤炭老矿区与当地经济发展、就业等密切相关。老矿区不可避免地承担了部分企业办社会职能（例如学校、医院等），承担着计划经济时期的集体企业、离退休职工统筹外工资等费用，还要承担供水、供电、供热和物业管理等“三供一业”任务。企业办社会功能在资金、人员、管理等方面不同程度地增加了企业的负担。并且，随着煤炭老矿区的发展，职工人数也不断增加，薪酬成本在企业成本中的占比越来越高，企业发展越发困难（杨军军 b，2018）。

（四）生态环境欠账多

长期高强度的开发，导致煤炭行业对生态环境的欠账较多。煤炭开采引发了地表沉陷、建筑物破坏、矸石山占地、地下水和地表水系破坏等一系列环境问题，阻碍了矿区的可持续发展。如煤炭开采导致土地资源破坏及生态环境恶化。露天开采剥离排土和井工开采产生的地表沉陷、裂缝，都将破坏土地资源和植物资源，影响土地耕作和植被生长，改变地貌并引发景观生态的变化。开采沉陷造成中国东部平原矿区土地大面积积水受淹或盐渍化，使西部矿区水土流失和土地荒漠化加剧。采煤塌陷还易引起山地、丘陵发生山体滑落或泥石流，危及地面建筑物、水体及交通线路安全（白向玉，2003）。

综上所述，煤炭老矿区在为国家经济建设作出巨大贡献的同时，也给区域的可持续发展留下了巨大隐患，特别是生态环境。老矿区不能再沿袭原有粗放式发展模式，煤炭老矿区的转型是可持续发展的必然选择。

第二节　老矿区关闭退出带来诸多问题

受国家经济结构调整、节能环保力度加大等因素影响，国家正在推进供给侧改革，而去产能就是煤炭行业供给侧改革的核心问题，为五大结构性改革的任务之首。但对煤炭老矿区而言，不是简单的一去了之，一关了之。去产能的过程也带来了人员安置、债务问题加重、社会稳定等诸多问题。

一、人员安置是化解过剩产能必须面对的难题

煤矿单一的劳动力、技术结构使人员安置出现困难，尤其是技能优势不明显和年龄较大的职工，自身动力不强，内部安置空间小，社会分流的市场有限，对外部创业的保障性有所担忧。而国家奖补资金主要用于支付企业欠发职工工资、欠缴社保费用、解除劳动合同职工的经济补偿、发放提前退养职工的基本生活费等，培训和待岗期间没有资金来源。

煤炭老矿区管理体系繁杂，致使非生产人员多，造成人员臃肿；同时生产工人老化严重，人员结构和现有劳动力需求不匹配，劳动技能不能满足市场需求和竞争力要求；员工学习能力不足，长期计划经济形成惯性和惰性，主观上学习要求不强，不能适应转型需要，分流消化难度大。虽然一些地方政府提供农垦、林业、公益等岗位，分担了一定压力，但数量上

难以满足需求，一定程度上将压力推向了社会，不能起到真正的分流和长久性作用。

二、“去产能”矿井的存量债务，严重拖累存续企业的生存、发展和转型能力

多数列入“去产能”而被关闭的矿井，均属于连续多年大额亏损、负债累累甚至资不抵债，资金严重短缺，财务状况不佳以致无力偿付债务。此外，绝大部分被关闭或者削减产能的煤矿属于非独立核算单位，自身没有融资能力，其所有债务均由集团公司统贷统还，煤矿关闭退出后，所有债务均由集团公司承担，造成存续企业债务负担增加，不良资产率上升，经营风险加大。即使少部分被关闭煤矿为独立法人单位，但其借款往往都是由上一级主体企业进行了担保，煤矿关闭退出后，事实上所有债务均由存续企业承担，不仅显著增加了集团整体的债务负担，影响融资能力和持续盈利能力，严重制约存续企业生存、发展和转型，而且容易造成资金链断裂，直接影响“去产能”进度。

此外，去产能矿井多数是老矿井，历史遗留问题较多，关井后在环境治理、土地塌陷补偿等方面仍继续产生费用、形成新的债务，给“去产能”造成一定影响。例如，“去产能”矿井关闭前采煤涉及的土地，在矿井关闭后较长时间内仍需根据土地塌陷程度向当地村民支付补偿费用（房屋修理费及青苗补偿费）。这种情况意味着在“去产能”导致矿井关闭后，不仅遗留了大量存量债务需要解决，还不断有新增债务需要应对。

第三节　高度重视煤炭老矿区转型

煤炭老矿区转型一直是社会各界关注的焦点，也引起了党中央国务院和社会各界高度重视。为支持老矿区转型，国务院、财政部以及国家发展改革委等部门相继出台一系列政策，从财政补贴、产业引导、保障民生等方面支持我国老矿区的转型发展（如表 1-1 所示）。党和国家领导人也曾多次调研煤炭老矿区，推进老矿区的转型工作。

表1-1　　　　我国支持老矿区转型发展的部分政策一览

序号	发布时间	发布单位	政策名称
1	2007年12月18日	国务院	《关于促进资源型城市可持续发展的若干意见》
2	2012年6月14日	财政部	《2012年中央对地方资源枯竭城市转移支付管理办法》
3	2013年11月12日	国务院	《全国资源型城市可持续发展规划（2013—2020年）》
4	2016年6月30日	财政部	《中央对地方资源枯竭城市转移支付办法》
5	2016年9月13日	国家发展和改革委员会	《关于支持老工业城市和资源型城市产业转型升级的实施意见》
6	2017年1月6日	国家发展和改革委员会	《关于加强分类引导培育资源型城市转型发展新动能的指导意见》

第二章

转型协同发展的融合生长理念

基于煤炭行业的发展特点，结合大同矿区发展的实际情况，以“协同理论”“产业链理论”“可持续发展理论”等作为大同矿区转型发展的理论基础，借鉴国内外转型发展的模式及先进经验，提出了融合生长理念。

第一节　转型发展相关理论基础

一、协同理论

协同论亦称“协同学”或“协和学”，是20世纪70年代以来在多学科研究基础上逐渐形成和发展起来的一门新兴学科，是系统科学的重要分支理论。其创立者是联邦德国斯图加特大学教授、著名物理学家哈肯（Hermann Haken）。1971年他提出“协同”的概念，1976年系统地论述了协同理论。

协同论认为，千差万别的系统，尽管其属性不同，但在整个环境中，各个系统间存在着相互影响而又相互合作的关系。其中也包括通常的社会现象，如不同单位间的相互配合与协作、部门间关系的协调、企业间相互竞争的作用，以及系统中的相互干扰和制约等。应用协同论方法，可以把已经取得的研究成果，类比拓宽于其他学科，为探索未知领域提供有效的手段，还可以用于找出影响系统变化的控制因素，进而发挥系统内子系统间的协同作用（关荆晶等，2015）。

运用协同理论，可借助主业的资源优势、成本优势、管理优势等发展其他相关产业，通过产业内外部的合理分工和相互协作，实现多元产业与主业之间的优势互补、有序运行、良性循环和共同进步，从而获取协同效益、降低生产成本、提高生产效率和专业化水平，最终促进企业整体目标的实现。从煤炭企业转型发展角度来看，煤炭企业转型是一个渐进的过程，转型发展方向必须与主业相协同才能健康发展。

二、产业链（产业协同）理论

产业链是产业经济学中的一个概念，其思想最早来自西方古典经济学家亚当·斯密有关分工的论断（佟雪娜，2012）。亚当·斯密以“制针”为例，对该产业进行了严谨细致的论述，被视为讲述产业链功能的著名案例。产业链本身是一个复杂的协作体系，就是在一定的区域空间中，相同的产业部门内部之间在某一行业中具有高度核心竞争力的企业，联合上下游相关单位（张晖等，2012），以某种主要产品为桥梁进行战略协作联结而成的具有价值增值功能的链网式企业战略联盟。由此可见，产业链就本质而言，是描述一个具有某种内在联系关系的企业群组织以价值增值为主要目的而形成的产业概念。

产业链构建和延展是以现代产业经济理论为指引，实现价值链的延伸和增值，旨在打造和巩固企业核心竞争力。延展产业链，从产业结构的角度来看，产业链是以优势企业为核心，以关联度较强、科技含量较高、市场需求较旺的优势产品为纽带，结合范围经济、进入壁垒等因素打造的上下游紧密连接、相关服务领域更加协调的链条。延展产业链分两个方向，就上游而言，一般进入基础产业环节（如资源开采）和技术研发环节；就下游而言，则为进入深加工环节或市场拓展环节。产业链延展是一项复杂的工作，涉及众多环节。

在产业链视角下，单个产业的独立优势将扩张为相关产业跨越行业甚至地域的综合优势，而根据价值链理论，对煤炭原有价值的增值过程中，所有有效环节的发生可能在整个煤炭的生产过程中产生众多的增值节点，从而使生产过程的各项活动实现价值的再创造，推动企业的整体效益提升。煤炭产业链与价值增值，是立足原煤开采及深加工，覆盖火力发电、钢铁、建材、化工、水泥、有色、基础建设等多个生产领域以及交通运输、仓储等多个服务领域，以市场需求为导向形成的产业链条。

三、可持续发展理论

“可持续发展”理念由联合国人类环境研讨会于1972年在斯德哥尔摩首次提出，此后，世界各国都致力于给它一个明确的定义，至今众说不一。现代经济领域大多引用巴伯和布伦特兰的定义。巴伯在《经济、自然资源不足和发展》一书中，对可持续发展作如下定义：“在保护自然资源的质量和其所提供的服务前提下，使经济发展的净利益增加到最大限度。”曾担任过挪威首相的布伦特兰夫人则是这样对可持续发展进行定义的：“既满足当代人的需求，又不对后人满足其自身需求的能力构成危害的发展。”其所涉及的领域广泛，涵盖经济学、人口学、生态学等更高层的理论系统，要求经济、社会、资源和环境保护的协调发展。作为一个理论体系，当前仍处于形成和发展的过程中（寇永英，2015）。

煤炭企业可持续发展的研究主要从技术、制度、企业三个层面着手。

第一，从技术角度，相关学者分别从提高煤炭质量、煤矸石综合利用、煤炭综合利用、煤炭副产品的利用、煤炭开采附带出的其他有用矿物的开发利用的角度分析了企业的可持续发展。

第二，从制度层面，相关学者分别从煤炭资源的资本化等角度分析了企业的可持续发展。

第三，从企业层面，相关学者分别从技术创新、多元化经营的角度分析了企业的可持续发展。

总体来说，可持续发展是一种发展理念，强调发展要保护环境，保护环境是为了更好发展；强调资源的最优化利用，发展要注重代内公平与代际公平。有的学者认为循环经济体现着可持续发展的理念。首先，从资源供给与需求的角度看，实现资源总量规模与人类需求的动态平衡。其次，从资源开发与保护环境的角度看，一方面解决资源利用不当和废弃物排放过量的问题，另一方面实现废弃物的深度循环再资源化。循环经济是针对改变工业化以来的“高投入、高消耗、高排放、不协调、难循环、低效率”的线型经济，强调人类社会的经济活动要遵循生态学规律，因而循环经济是实现可持续发展的有效途径之一（寇永英，2015）。

第二节　转型发展模式的经验及借鉴

大同矿区在转型发展的过程中，结合自身情况，基于转型发展相关理论，对“产业更新模式”“产业延伸模式”“产业多元模式”等不同的转型模式进行了学习、探索、选择。

一、产业更新模式

“产业更新模式”是指寻找新的发展资源，实行资源转换，培养和发展新的产业（如高科技产业、生态农业、服务业等）。此模式主要适用于资源趋于枯竭的矿区，是最彻底的转型模式。利用资源开发所积累的资金、技术、人才以及国家的资金和政策支持，建立起基本不依赖原有资源的全新产业群，把原有从事资源开发的人员转移到新产业上来，实行产业替代。这种模式的优点是转型彻底，对生态环境、社会等问题解决彻底；缺点是前期投入大，需要大量资金和技术支撑（袁志彬等，2008）。法国洛林、日本北九州、中国徐州贾汪区是该转型模式的代表。

（一）法国洛林逐步关闭矿井，改造传统产业，发展新兴替代产业

洛林地区位于法国的东北部，是法国最重要的钢铁、煤炭工业基地。经过 30 年的开采，洛林地区的煤炭资源面临枯竭，开采难度加大，开采成本高，造成煤炭工业长期亏损，地区经济的可持续发展面临严峻考验。在这种情况下，洛林地区开始考虑工业转型问题，主要采取以下做法。

第一，放弃高成本、低效益、市场竞争力弱的产业和产品。针对煤炭开采成本高于世界市场的实际情况，采取逐步关闭退出的政策，逐年减少煤炭产量和从业人员，到 2005 年煤矿已全部关闭。

第二，利用高新技术改造钢铁、机械、化工、电厂等传统产业，实现生产自动化，提高产品附加值。钢铁产业主要发展汽车板材、镀锌板等，附加值提高了一倍；电厂采用脱硫装置，洗煤剩下的煤泥得到了充分利用。

第三，发展新兴替代产业。着力发展计算机、激光、电子、生物制药、核电等高新技术产业，这些产业逐步成为洛林地区的支柱产业。

第四，创办企业园区，培育中小企业。法国政府在洛林地区创办了16个企业园区，帮助公司制订发展规划，设立专家团，及时协调解决企业运行过程中出现的问题，鼓励支持中小企业快速健康发展（闫沛禄，2011）。

（二）日本北九州利用关闭矿井发展旅游业，推进产学研结合，发展新兴产业

北九州市位于日本九州岛最北端，曾有“钢铁工业支柱、军事工业基础”之称，是日本四大工业地带之一。20世纪60年代，日本能源政策的转变使得日本北九州煤炭工业遭受重创，20世纪70年代后，日本产业结构的调整也使得以基础材料工业为核心的北九州地区开始衰落。其产业转型的主要措施有以下两方面。

第一，对原煤炭生产场地进行复垦改造，积极发展旅游业。将关闭的煤炭生产矿井改造为旅游景点、科普教育场地，使之继续发挥作用。

第二，产学研相结合，兴办新型企业，大力发展新兴产业。政府为吸引大批区域外企业迁入北九州地区，出台提供廉价的土地等一系列优惠政策，在该地区兴办起一批现代开发区；促进产业界和学校开展共同研究，减少对国有设施使用的限制，为创设新产业创造有利条件，环境产业、生物技术、网络通信等产业逐渐发展起来（张志军，2010）。

（三）贾汪区实施生态治理，推进绿色发展，从“煤城”转变为“徐州大花园”

贾汪区隶属江苏省徐州市，位于徐州东北部，清光绪八年（1882）开始掘井建矿，素有“百年煤城”之称，为江苏乃至全国早期的经济建设作

出过重要贡献。但是，由于长时间的高强度开采，煤炭资源枯竭，2011 年被确定为第三批国家资源枯竭城市。为实现转型发展，采取的主要措施有以下几点。

首先，加强生态修复再造，增强可持续发展优势。将采煤塌陷地治理作为生态修复的突破口，按照“宜农则农、宜林则林、宜游则游”的原则，因地制宜推进塌陷地治理。先后实施了潘安湖、小南湖、商湖、月亮湖等塌陷地治理工程，累计实施采煤塌陷地项目 82 个、治理面积 6.92 万亩（郝亚娟，2018）。对采煤塌陷最严重的潘安湖区域实施综合整治，形成了 4000 亩开阔水面和 2000 亩湿地景观。

其次，以“生态 +”推动新旧动能转换，打造生态经济示范区，不断推动生态经济化、经济生态化。第一，坚持“生态 + 工业”。推动冶金、煤化工、建材等传统制造业向产业链和价值链高端攀升，发展了宝丰特钢和波兰华星集团圆环链项目、德龙不锈钢生产基地项目、徐矿电厂热电联产项目、龙山制焦 LNG 项目等超 10 亿元的项目。大力发展先进制造业和高新技术产业，依托恩华药业、朗欧医药、金彭电动车、香柏年家具等国内龙头企业，积极培育生物医药、新能源汽车、家居家具、装配式住宅结构等新兴产业。依托潘安湖科教创新区、双楼物流园区，利用“互联网 +”，大力发展大数据、云计算、物联网等（郝亚娟，2018）。第二，坚持“生态 + 农业”。发展绿色、现代和高效设施农业，大力发展休闲观光农业，培育出了一批有影响力的贾汪绿色果蔬品牌。第三，坚持“生态 + 旅游业”。依托生态资源，完善潘安湖、大洞山、督公湖、凤鸣湖 4 个 4A 级景区和卧龙泉 3A 级景区功能，打造精品旅游线路，大力发展农家乐和民宿经济（郝亚娟，2018）。第四，坚持“生态 + 科技”。将人才和科技创新摆在突出位置，建设了 10 万平方米南湖原创园二期、30 万平方米“四海家园”人才公寓及邻里中心平台，建设了煤磷化工研究院、新能源汽车研究院，重点引进“高精尖缺”人才及创新团队，对“千人计划”、省“双创计划”等重点人才实施“一人一策”，以优惠的政策集聚高端人才和科技要素（杨旭东，2017）。经过转型发展，贾汪区 2016 年被国家旅游局确定为“全国全域旅游示范区”创建单位，2017 年被评为“中国生态魅力区”和全国投资潜力百强区第 85 名，走出了一条具有贾汪特色的资源枯竭城市转型发展道路。

二、产业延伸模式

“产业延伸模式”是指利用资源优势，在原有资源开发的基础上，对资源型产业进行产业纵向发展，通过技术进步及产业改造，扩展原有产业链，增加产品的加工深度，提高资源的附加值，进而实现矿区经济可持续发展。该模式主要适用于资源尚未枯竭的矿区，充分利用资源开采业前向关联效应大的特点，在资源开发基础上，发展下游加工业，建立起资源加工利用的产业群。其优点是在转型的初期能够充分发挥本地的资源优势，同时上下游产业在生产、管理和技术方面具有明显的相关性，实施转型的难度较小（袁志彬等，2008）。中国神华集团和兖矿集团是该转型模式的代表。

（一）神华集团“矿—路—港—电—化”一体化运营模式

神华集团成立近 30 年来，创造了一种中国煤炭企业新的运作模式，即“矿—路—港—电—化”一体化，产、运、销、储一条龙的经营模式。通过推进跨行业、跨产业的一体化发展，提高产业集中度，加大现货煤销售，增加产品附加值，积极参与国家储煤基地建设，形成规模优势；同时，重视资源共享、深度合作、协同效应、低成本运营，最终形成一体化运营模式的核心内涵，构成神华的核心竞争力。

神华模式的建设中，煤炭产业是基础，完善的产业链是支撑。煤炭，是神华的发展之本、扩张之基、利润之源；电力、煤制油化工是煤炭向下游延伸形成的产品，路、港、航运是围绕煤炭构建的物流系统。包括收购兼并、战略重组、资本运作等基本都是围绕煤炭产业展开的。神华在坚持“矿—路—港—电—化”一体化的基础上，因地制宜，致力于相关产业一体化发展，如煤电一体化、煤路电一体化、煤路港电一体化、煤－煤焦化一体化、煤－煤制油一体化及煤－煤化工等，有力地推动了煤炭深加工和循环经济的发展（蔡埃仓，2014）。

（二）兖矿“国际化企业集团”发展模式

兖矿集团把握国内外经济发展动态和国家产业政策导向，自2000年后围绕“建设主业突出、核心竞争力强、国际化的企业集团”战略目标，采取产业一体化、布局区域化、发展国际化“三向并进”的发展策略，稳本部、增新区、拓国外“三地支撑”的生产策略，生产经营、资本运营、物流贸易“三位一体”的运营策略，着力推动公司由本土化企业向国际化企业转型，由实施低成本竞争战略向差异化竞争战略转型，由单一追求规模扩张向规模效益并重转型（马磊，2012）。

兖矿集团于2004年并购了澳思达煤矿。该煤矿适用于兖矿集团具有自主知识产权的放顶煤技术。该煤矿主要从事煤炭生产、加工、洗选、营销等经营活动，总资源量约1.4亿吨，可采储量约4800万吨。2009年并购的菲利克斯公司的煤炭资产包括4个运营中的煤矿、2个开发中的煤矿以及4个煤炭勘测项目，总资源量为25.21亿吨，探明及推定储量合计为5.10亿吨，是兖矿集团本部资源储量的两倍。2010年1月，兖矿集团与澳大利亚铝土矿资源有限公司（以下称BRL）签署合作协议，参股其11.5%的股权，获取1000平方千米优质铝资源60%的股权、10000平方千米铝钒土的 49% 股权、10000 吨的氧化铝项目占有 50% 的股权，铝土矿资源储量 10 亿吨以上，优质铝土矿可开采量 3 亿吨以上，是国内已探明铝土矿储量的两倍。

兖矿集团凭借自身多年来积攒的技术优势、管理优势等，通过并购或入股相关国际矿业公司，为产业规模扩大提供重要支撑，为我国煤炭企业实施产业延伸提供重要参考。

三、产业多元模式

“产业多元模式”是产业延伸模式和产业更新模式的复合，主要适用于那些虽然对资源开发依赖性很强，但是也具有一定的其他产业优势的矿区。通常是在转型初期表现为产业链延伸模式，随着新兴产业不断发展，实行资源转换（袁志彬等，2008）。这种模式介于以上两种模式之间，优点是既做强原有产业，延长产业链条，又培育新的产业，是一种既稳健又相对彻底的转型（廉永哲等，2012）。德国鲁尔和英国伯明翰是该模式的典型案例。

（一）德国鲁尔区调整钢铁业结构，改善生态环境，大力发展新兴替代产业

鲁尔区位于德国西部的北威州境内，具有丰富的煤炭、铁矿等资源，是德国最重要的工业基地，也是世界上最大的工业区之一。20 世纪 60 年代，在全球产业革命浪潮的冲击下，鲁尔地区的经济陷入了结构性危机，面临着经济转型和结构调整的双重挑战（张志军，2010）。采取的转型措施有以下几种。

第一，改善传统产业。对原有的煤炭矿区进行清理整顿，将采煤业集

中到盈利多和机械化水平高的大矿井，调整企业的产品结构，提高产品技术含量等（车秀文，2005）。此外，大力发展煤机、煤电、煤化工等相关产业。

第二，发展新兴产业。兴建和扩建高校和科研机构，推动高科技产业发展。鲁尔区在此期间建立了鲁尔大学和多特蒙德大学，这两所大学的设立为多特蒙德和波鸿新技术产业的发展奠定了基础；大力加强基础设施建设，改善投资环境，建立了世界上最完善的立体运输网络体系；建立各类技术中心，促进信息和通信技术发展，培育生物、医药技术等新兴产业。此外，鲁尔区在原有经济领域中明确了12个优势产业，进行重点发展。物流、旅游、医疗、纳米、新能源和材料产业，成为鲁尔区新经济的重要组成部分，更成为鲁尔区传统产业结构转型的推动力。

（二）英国伯明翰推进传统工业升级，加强基础设施建设，促进产业多元化

伯明翰位于英格兰中部，邻近煤铁富集区，地理位置优越，被称为“英格兰的大心脏”。第一次世界大战后，英国传统工业发展迟缓，采煤业不断萎缩，钢铁业也开始下降。第二次世界大战时，伯明翰遭到德国法西斯的轰炸，成为“萧条区”。自20世纪70年代，伯明翰开始了转型进程，采取的措施如下。

第一，大力进行产业结构调整。削减生产过剩、竞争能力弱、缺乏发展潜力的传统工业部门，并利用新技术、新工艺加以改造，使其脱胎换骨，“再工业化”。

第二，重视基础设施建设。政府直接拨款在衰退地区兴建基础设施，改善交通运输、通讯条件，治理污染，改良环境质量，美化外在形象。1976年伯明翰建成了国家展览中心；1984年修建了国际机场；1991年伯明翰国际会议中心正式启用；2003年9月，伯明翰又耗资5亿英镑在老城

区兴建了一个集购物、娱乐与观光于一体的商务中心。

第三，重视教育和文化建设。伯明翰曾于20世纪90年代斥巨资建起一个品质一流的交响音乐厅和一家大型剧院，世界一流的伯明翰交响乐团从此有了自己的音乐据点。除音乐外，伯明翰的各种画廊也独具特色。

第四，大力发展贸易市场和手工艺加工，服务业发展成效明显，赢得了“千种贸易城”的荣誉（闫沛禄，2011）。

第三节　转型协同融合生长理念

企业是以盈利为目的，运用各种生产要素，向市场提供商品或服务的经济组织。企业的本质是一种资源配置的机制。因此，企业就是要创造价值，要在发展过程中注重资源调配、要素融合，从而实现良性可持续生长。大同矿区基于产品单一、产业单一等制约企业自身发展和跨越的本质理解和自身探索实践，借鉴相关理论基础和转型发展模式及经验，认识到转型不是转产，转型发展要依靠煤炭但不依赖煤炭，必须走以煤为基、多元协同发展的道路，延伸煤、超越煤，由此提出了融合生长理念（见图2-1）。

融合生长理念就是以产业链价值创造为导向，充分挖掘利用企业内部资源，促进内外资源的融合协同，推动煤炭价值链由低端向高端转变，实现企业良性生长，最终助推企业转型发展。主要包括以下几方面内容。

第一，煤炭企业转型并不是简单的转产，而应围绕主业进行技术改造、产业升级，发展新动能，转换旧动能，即新旧动能融合。

第二，在煤炭企业的发展过程中，单一煤炭产业将逐步演变为多元产业，产业延伸方向包括上下游延伸、高价值延伸、相关跨界延伸。成功的产业延伸要实现产业融合，就是产业间紧密关联，相互协同、相互依存、相互促进。

第三，随着产业技术、信息技术等科学技术的发展，各产业将与新业态融合衍生出新商业模式。

第四，融合生长持续优化。首先，它是一个循环的动态发展过程，即融合生长具有变动性，会随着科技的发展、时代的变化而不停地变动；其次，融合生长是以市场需求为导向的，具有市场性（马勇等，2012）；最后，融合生长以价值最大化为终极目标，助推企业价值链升级，最终实现企业转型发展。

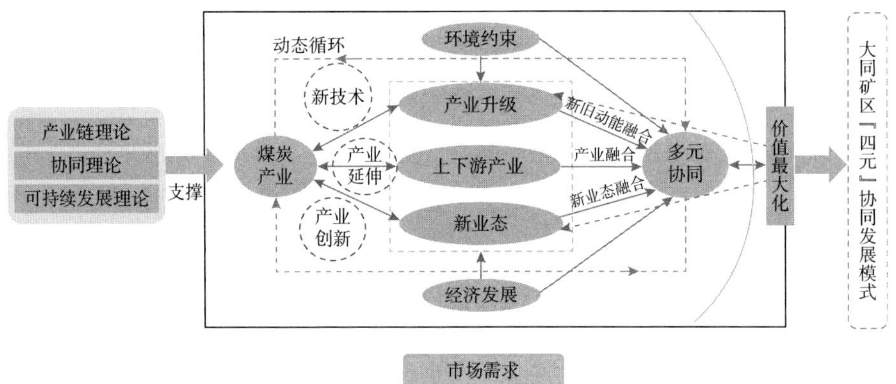

图2-1　大同矿区融合生长理念示意

第三章

大同矿区“四元”协同发展模式内涵和体系

大同矿区基于融合生长理念，在对煤炭开发、煤炭利用、新兴和辅助等产业充分认知与梳理的基础上，以产业间相互协同发展为原则，逐步形成了“新老矿井协同、煤炭开发与利用协同、新兴产业与传统产业协同、环境与经济协同”的“四元”协同发展模式。

第一节　大同矿区概况

大同矿区的前身为大同矿务局，矿务局成立于 1949 年 8 月 30 日，至今已有 70 年的历程。大同矿务局在成立初便下辖 8 矿 1 厂，职工总人数达 3000 余名，原煤总产量 8 万余吨，工业总产值 140 余万元。

通过 70 余年的发展，大同矿区发展规模不断扩大，2018 年产量为 1.33 亿吨，占全国的 3.61%；企业营业收入 1766 亿元，已发展为以煤为主、多业并举的国有特大型综合能源集团，产业布局辐射山西省、内蒙古自治区、新疆维吾尔自治区等 7 省（自治区、直辖市）18 个市（区），总资产超过 3200 亿元；有近 20 万名员工和 80 万名员工家属。历时久远也给大同矿区带来了诸多问题，如煤炭资源日趋减少、矿区经济可采储量降低、矿井服务年限缩短、开采难度加大、开采成本上升，等等。

自 2011 年开始，大同矿区基于自身发展需求，开始转型发展。经过 8 年多的转型发展，创造了业界瞩目的辉煌业绩，其根本原因在于制定并实施了系统、科学、有效的企业发展战略和模式，也进一步验证了“只有倒闭的企业，没有倒闭的行业”。煤炭企业只有实施科学的发展，才能在市场竞争中不断提高企业核心竞争力，实现可持续发展。

第二节　“四元”协同发展模式的形成

基于融合生长理念，大同矿区对自身相关产业进行了分析认知。

一、煤炭产业

大同矿区侏罗系煤炭资源日益枯竭，石炭二叠系煤炭资源开采势在必行。石炭二叠系煤炭资源以动力煤为主，相比于侏罗系煤炭资源，经济效益大幅下滑。这就要求以先进产能为标准，实现老矿井资源向新矿井资源延伸或整合，新矿井资源优化规划和布局，建设集约化、大型化煤矿，以机械化、自动化、智能化装备为核心竞争力，建设千万吨级矿井集群，最大限度发挥原有资源的优势，实现新资源的煤矿生产的提质增效。

二、煤炭利用

由于资源的新旧转换，新开发的煤炭产品产量增加但煤质较差，产品的销售难度增加，企业经营和发展面临困境。大同矿区必须改变单纯依靠煤炭外销来支撑集团发展的道路，必须寻求实现煤炭更高价值的方式，提高企业利润水平。因此，发展煤炭利用与煤炭开发协同，提高企业的抗风险能力，进一步增强传统产业的竞争力，是大同矿区实现转型的必然选择。同时考虑到市场化后的煤炭价格波动呈现一定的周期性，以煤炭开采为单一产业的企业抗风险能力较差，产业链延伸向多元化发展也是打破煤炭产业结构单一局面的有效途径。

三、新兴产业

无论是煤炭开发还是煤炭利用，均与煤炭密不可分。在市场下行、经济疲软的情况下，传统产业产品销路不畅、盈利大幅压缩、资金链趋紧，企业可持续发展受到严重威胁。为此，发展煤炭主业之外的金融、现代物流等新兴产业，畅通融资渠道，扩大产品销路，成为大同矿区的必然选择。建立以财务公司为中心，实现信贷、租赁、担保、资管、投资、票据等多功能互联互通的一体化运作平台，打造产、供、运、销一体化的国际煤炭贸易服务体系，为大同矿区煤炭做强、电力做大提供基本保障，将大同矿区建设成为山西晋北金融产业基地——创新金融科技的践行者、产供运销一体化的国际物流贸易基地——做实物贸产业成功的变革者。

同时，经过长期的开采，部分煤矿已进入资源枯竭、关闭退出阶段，矿区环境也受到了不同程度的损害。因而，积极改造矿区环境，最大限度地发挥矿井的剩余价值，也成为大同矿区发展的现实选择。

在对相关产业充分分析的基础上，大同矿区以融合生长理念为指导，以产业间相互协同发展为原则，以价值最大化为目的，以煤炭资源及开发为基础，延伸发展煤电一体化和循环经济园区，创新发展金融、现代物流等新兴产业，探索环境与经济双发展，形成了“新老矿井协同、煤炭开发与利用协同、新兴产业与传统产业协同、环境与经济协同”的产业转型发展布局，实现煤炭老矿区发展模式创新，促进相关技术创新，在创新过程中，培育技术、管理、品牌等核心竞争力。

第三节　“四元”协同发展模式的内涵与解析

一、大同矿区“四元”协同发展模式内涵

针对转型难题，基于融合生长理念，大同矿区提出“四元”协同发展模式，即大同矿区围绕新旧动能转换、企业可持续发展的目标，提高煤矿开采机械自动化装备水平，用先进产能替代落后产能，打造千万吨级矿井集群，实现新老矿井耦合共生；通过延伸煤炭利用产业链条，将煤炭资源就地转化，建设百亿级循环经济园区，提升煤炭资源附加值，实现煤炭开发与利用协同；落实传统产业的资金链和销售渠道，构建资金融通大平台，建设大销售体系，实现新兴产业与传统产业协同；加强环境保护力度，提升品牌价值和影响力，实现环境与经济协同。通过“新老矿井协同、煤炭开发与利用协同、新兴产业与传统产业协同、环境与经济协同”的转型发展，使大同矿区成为国际一流的综合能源集团（见图 3–1）。

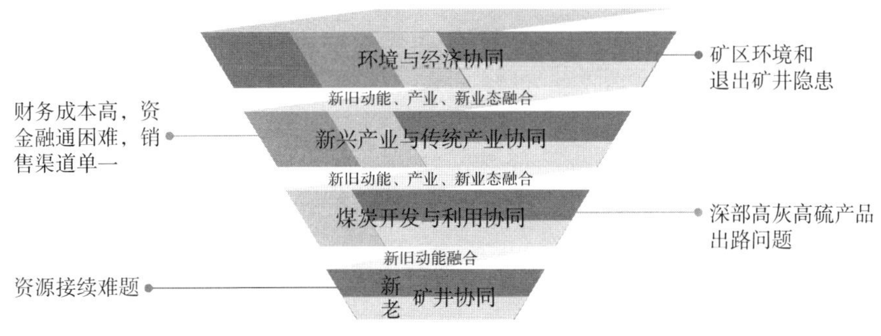

图3-1　大同矿区转型发展“四元”协同模式

二、大同矿区“四元”协同发展模式解析

大同矿区“四元”协同发展模式是：以新老矿井协同为动力，推进千万吨级矿井群建设，实现新旧动能转换；以煤炭开发与利用协同为延伸，有机地将千万吨级安全高产高效矿井集群、深度融合的煤电一体化基地和高科技、高效益、高品位的循环经济园区融为一体，形成大同矿区开发与利用的核心产业；以新兴产业与传统产业协同为扩展，发展全牌照产融投金融平台和产供运销一体化的国际煤炭贸易平台，从而提升大同矿区的核心竞争力，确保大同矿区主业的正常有序运转；以环境与经济协同为补充，进一步丰富产业多元化，积极发展环保和文化旅游产业，确保大同矿区的可持续发展。在发展过程中，环环相扣，环环延伸，一环驱动一环，最终实现大同矿区的整体协同发展（见图 3–2）。

（一）以新老矿井协同为动力

将新老矿井协同作为内部驱动力，即以千万吨级矿井为代表，将石炭二叠系资源安全高效采出，逐渐替代趋于枯竭的侏罗系煤炭资源，实现新旧动能转换。长期从事侏罗系煤炭资源生产的一线工作人员、管理人员等积累了大量的生产实践经验，可参与或指导石炭二叠系煤炭资源安全高效开采，从而实现双系煤层安全高效协同开发；石炭系煤炭资源开采，为关闭退出矿井的精英人员安置、先进技术转移提供条件，最终确保了煤炭开采主业的稳定有序发展，壮大企业的基础产业，为企业的转型发展提供了重要支撑。

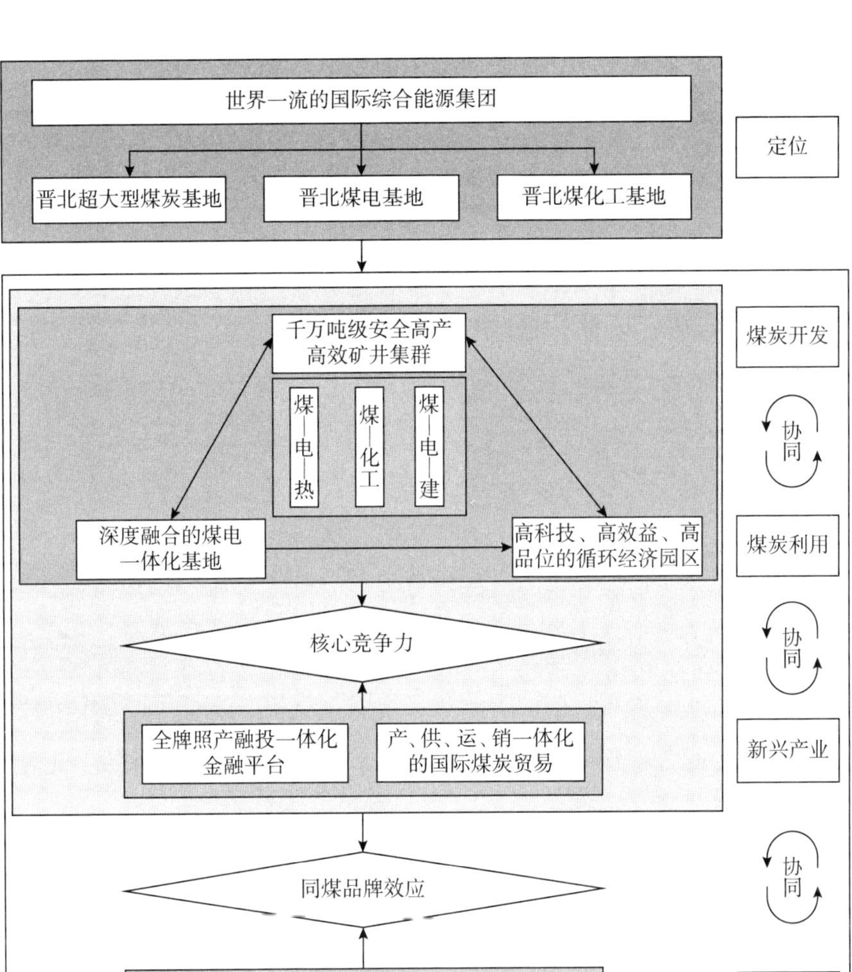

图3-2　“四元”协同发展模式解析

（二）煤炭开发与利用协同为延伸

受开采煤炭资源的影响，原素有“精粉”之称、以外销为主的侏罗系煤炭资源产能逐渐萎缩，以煤电为主的石炭二叠系煤炭资源产能逐渐释放，与之相关的电力和煤化工等煤炭利用产业随之布局规划。煤炭利用产业所生产的部分产品，用于大同矿区煤矿日常生产。从产业链的角度出发，产品的内部交易，减少了中间环节所产生的费用。从生产规模来看，当煤炭开发规模增加时，煤炭利用产业规模随之增加；当煤炭利用产业达到一定规模时，将促进煤炭开采产业规模的发展，即煤炭开发和煤炭利用在协同发展过程中相互促进。

（三）以新兴产业与传统产业协同为扩展

大同矿区的传统产业与以金融、物贸为核心的新兴产业相互影响，二者不是替代与被替代的关系，而是互为市场的关系。传统产业在发展过程中遇到了两个问题：一是建设千万吨级矿井集群或坑口电厂等需要大量的资金；二是在煤炭产能和电力产能均呈现一定的过剩时，煤炭产品和坑口电厂所生产的电力迫切需要销路。发展壮大金融产业和物贸产业，较好地解决了传统产业发展过程中面临的两大难题。总之，新兴产业为传统产业提供了所需要的各种资源、资金、市场及信息；传统产业为进一步发展壮大新兴产业提供了基础保障，两者互促共进，共同发展。

（四）以环境与经济协同为支撑

生态环境与经济发展是可持续发展的核心。在生态经济系统中，生态系统是经济发展的载体，能为经济发展提供自然资源和物质基础。因此，良好的生态环境同样也是一种经济效益。大同矿区从煤矿全生命周期出发，延长煤矿的使用寿命，治理改造矿区环境，通过环境与经济协同发展，扩大了品牌的影响力，让更多的行业外的人能了解煤炭、理解煤炭，改善煤炭行业的整体形象。

第四章

新老矿井协同发展

大同矿区历经近70年的煤炭开采，浅部的、优质的侏罗系煤炭资源日趋枯竭，部分矿井资源接续困难；深部石炭二叠系煤炭资源开采逐步走上了煤炭开采的舞台（郭金刚 a，2018）。通过老矿井水平接续与整合、新矿井重新规划布局，成功地实现了双系煤层安全高效协同开发，大幅提升矿井安全高效生产水平，为打造千万吨级矿井集群、发展煤炭利用等相关产业打下坚实基础。

第一节　新老矿井协同开发背景

大同矿区为双系煤田，浅部早侏罗系煤系与深部石炭二叠系煤系重叠交互，可采煤层数达到十几层。浅部的侏罗系煤炭储量日趋枯竭，但深部的石炭二叠系煤炭资源丰富，可采储量达到300亿吨。为保证矿井的正常接替，深部石炭二叠系煤炭资源开采成为保证大同矿区资源接替的必由之路（郭金刚 a，2018）。

一、双系煤层基本概况

（一）大同煤田简介

大同煤田位于山西省北部大同市西北，由北向南地跨大同、朔州两市的新荣区、云冈区、怀仁、山阴、左云、右玉等六县区，整体呈狭长状，平面为北东–南西向展布的椭圆形。煤田北东以青磁窑断层为界，南和东南界为口泉山西麓煤层露头，西界为洪涛山东麓煤层露头，西北为推测的煤层剥蚀边界，赋存有典型的石炭二叠系和侏罗系含煤岩系（刘东娜，2015）。

侏罗系煤田分布范围较小，北至西村，南至马道头一带；石炭二叠系煤田分布范围较大，从云冈镇向南西延伸至山阴县玉井镇（刘东娜，2015）。双系煤田的叠合区域为云冈镇至马道头南西向延伸范围。含煤地层中的主要可采煤层基本保持完整，高山镇南、店湾镇、鸦儿崖西北、口泉西、鸦儿崖、马道头南等地保存了完好的石炭二叠系煤层；玉井南、马道头北一带太原组上组煤层或山西组煤层厚度较薄。由于后期剥蚀作用，高山镇东南地区只残留了太原组 C8 煤层。相对而言，煤田北部石炭二叠纪煤层遭受剥蚀程度较煤田南部严重。

上煤系侏罗系大同组含煤面积 645 km^2，为特低硫、低灰、高热值弱黏煤。下煤系石炭二叠系含煤面积 1704 km^2，主要煤类为中灰、低–中硫、高热值长焰煤、气煤（刘东娜，2015），双系煤层分布如图 4–1 所示。

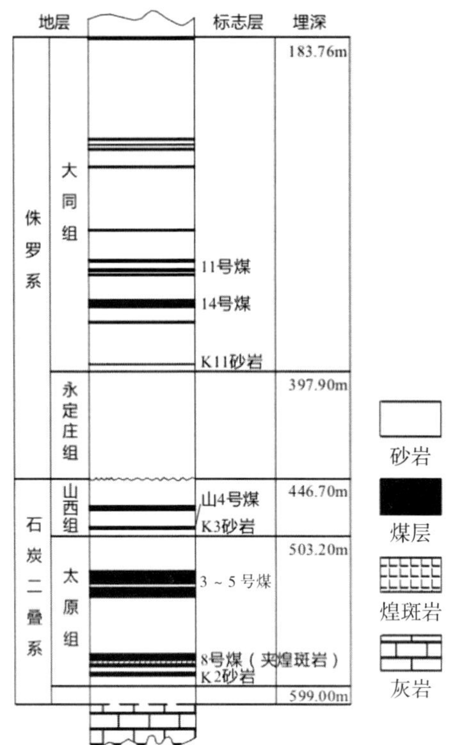

图4-1　大同矿区双系煤层分布

（二）侏罗系煤层特点

侏罗系含煤地层主要为大同组，该组是一套以河湖相为主的沉积地层，其岩性由灰色－灰白色粗、中、细粒砂岩与灰黑色粉砂岩、砂质泥岩、泥岩及煤层组成，煤层赋存于灰－灰白色砾岩和含砾粗粒石英砂岩K11标志层至K21标志层之间。大同组地层中共含11个可采煤组，煤层分布不稳定，分叉、合并和尖灭现象较为普遍，主采煤层为2、3、7、10、11、12、14、15号煤（刘东娜，2015）。

（三）石炭二叠系煤层特点

石炭二叠系含煤地层主要包括山西组和太原组。山西组是一套以河流相为主的含煤岩系，由灰－深灰－灰白砂岩、粉砂岩、砂质泥岩组成，煤层赋存于灰白色含砾粗粒砂岩（窑子头砂岩）K3 标志层至 K4 标志层之间。山西组含煤层 4 层，分别为山 1、山 2、山 3、山 4 煤层，其中最下部山 4 号（下称 PS4）煤层分布稳定，煤层较厚，全区基本可采，山 1、山 2 和山 3 号煤厚度较薄，均不可采。太原组是一套以三角洲相为主的含煤岩系，煤层赋存在灰白色－灰黄色中粗粒砂岩（鹅毛口砂岩）K2 标志层至 K3 标志层之间。太原组共含煤 10 层，主采煤层为 2、3、5、8 号煤，4、6、7、9 和 10 号煤层不可采。其中 3、5 号煤在局部地区合并成 3 ~ 5 号煤，8 号煤（C8）在煤田中部或西北部局部地区有时也分叉为 81 和 82 煤层（刘东娜，2015）。

二、新老矿井协同开发的难点

（一）地质条件复杂

大同矿区石炭二叠纪煤系面积 1739 km^2，已探明的煤炭储量多达 308.3 亿吨。太原组及山西组山 4 号煤层是主采煤层，总厚度在 20m 以上，属于特厚煤层，结构复杂。深层变质是矿区的主要煤变质类型，岩浆岩侵入使部分煤层发生矽化，变成了接触变质煤和天然焦的煤质类型。

煤田向斜东南翼煤层埋深较浅，地层倾角大，一般在 40° ~ 50°，局部有直立或倒转现象；发育有次级小型宽缓褶皱，构造较复杂，断裂带多，中、小型断裂带不发育，但岩浆侵入严重。煤田北、西北翼的构造相对简单，断层、褶皱不多，以单一向斜为主要特征。煤田中部地层倾角较缓，一般为 3° ~ 7°，大断层少，多为落差 20m 以下的正断层，岩浆岩侵入较轻，构造简单（郭金刚 a，2018）。

煤层存在着煤尘爆炸的风险。部分区域水文地质条件较复杂。

（二）上覆煤层开采遗留问题严重

大同矿区的侏罗系煤层资源多被其他企业开采，该类矿井开采工艺相对落后，开采后所形成的区域受水害、瓦斯等因素影响，严重制约着下伏石炭二叠系煤炭资源的安全开采。在近距离煤层条件下，上部煤层开采使下部煤层顶板受损破坏，下部工作面巷道的矿压将因上部煤层开采残留煤柱集中应力的影响而加剧。由于特厚煤层、双系两硬的特殊条件，石炭二叠系煤层开采多次遇到上覆岩层大结构破坏导致的强烈的矿压显现。同时还会遇到双系煤层采空区连通、回采巷道围岩失稳等问题。

（三）现代化千万吨级石炭系特厚煤层矿井建设和开采面临巨大挑战

大同矿区石炭系特厚煤层综放开采具有强矿压显现规律，开采过程中出现顶板不易垮落、冲击载荷显现、动载系数大，严重时出现冲击地压等动力现象。千万吨级矿井开采强度大，大采高综放开采技术增加了巷道支护困难程度。

在穿越采空区的井筒施工领域，还未有成熟的理论技术体系支撑，岩层移动变形规律及其对井筒稳定性的影响机理尚未完全掌握。随着采掘深度的加大，大断面复杂硐室软岩控制依然是世界矿建行业的难题。

大同矿区为了满足优化存量资源配置、扩大增量优质供给，面对双系煤层资源特点和开发难点，从开发条件、矿井设计、开采方法、技术突破四方面入手进行创新发展，形成了老矿区双系煤层矿井建设的独特模式，保证了煤炭开采主业可持续发展。

三、新老矿井协同开发思路

大同矿区针对部分具备开采水平延伸、矿井接续条件的老矿井，通过开采水平接续，确保资源可持续开采；不具备水平开拓延伸条件的矿井，则采用重新规划部署，建设千万吨级矿井确保煤炭资源协同开发，最终实现由侏罗系向石炭系开采衔接，保证煤炭资源的协调转换（见图 4–2）。

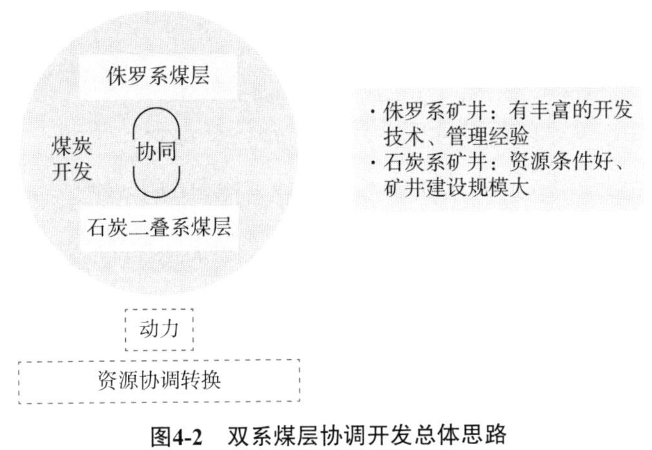

图4-2 双系煤层协调开发总体思路

大同矿区以新老矿井协同开发为契机，以千万吨级矿井建设为龙头，坚持减量重组和培育优质产能并举，加快由传统开采方式向现代化高效开采方式迈进，实现集约、高效、绿色开采。

（一）老矿井精细化开采，提高矿井服务年限

侏罗系煤炭资源历经多年高强度开采，煤炭资源已趋于枯竭。为解决资源衔接带来的矛盾，保证矿井稳产高产，提高整体综合效益，大同矿区基于现有部分井筒或生产系统，向深部延伸开采石炭系煤炭资源。

针对老矿井浅部侏罗系资源枯竭的情况，通过资源整合或开拓延伸等方式，提高矿井的可采资源储量。借助现有矿井生产系统，开采留设的煤柱、遗煤、深部石炭二叠系资源，运用先进的技术装备，实现煤炭资源

精细化开采，提高矿井的资源回采率。

（二）煤炭资源统筹规划，新建千万吨级矿井

大同矿区以安全高效绿色开发为核心，以社会、经济效益最大化为目的，在考察石炭二叠系煤炭资源赋存条件及特点后，借鉴国内外相关成功经验，采用集约高效的理念，对该煤层所有煤炭资源进行整体性规划，集中开发。大同矿区将石炭二叠系煤炭资源的开发作为一个全新且独立的工程，重新考虑布局，规划并形成了完全独立的资源开发体系，摆脱以原侏罗系煤层为建设基础的生产模式，在侏罗系多个矿井下伏石炭二叠系中重新规划井田，打造多个安全、高效、绿色的千万吨级矿井。

大同矿区以千万吨矿井群建设为依托，通过产能置换，大力发展先进产能，淘汰落后产能。一方面，大同矿区坚定退出资源枯竭、亏损落后产能，2017 年，大同矿区累计退出 13 座资源枯竭矿井、亏损产能矿井，化解煤炭产能 1225 万吨；另一方面，以建设晋北动力煤基地为重点，培育先进产能，按照 1 个矿井、1000 人、1000 万吨产量的模式，建设人员少、产量高、安全高效型矿井（洪浪 a，2018）。

第二节　开创老矿区建设千万吨矿井新路径

面对新旧资源接续，大同矿区转换发展思路，颠覆延伸复制上部工程结构的传统做法，对口泉沟侏罗系下部的石炭系特厚煤层整体规划、集约开发，创新资源开发体系和理念（郭金刚 b，2018），建成了国内领先的塔山、同忻千万吨矿井，并形成千万吨井矿集群，开创了老矿区建设千万

吨矿井的新路径（如图 4-3 所示），实现了接续资源的集约高效回收、安全开采和可持续开采。

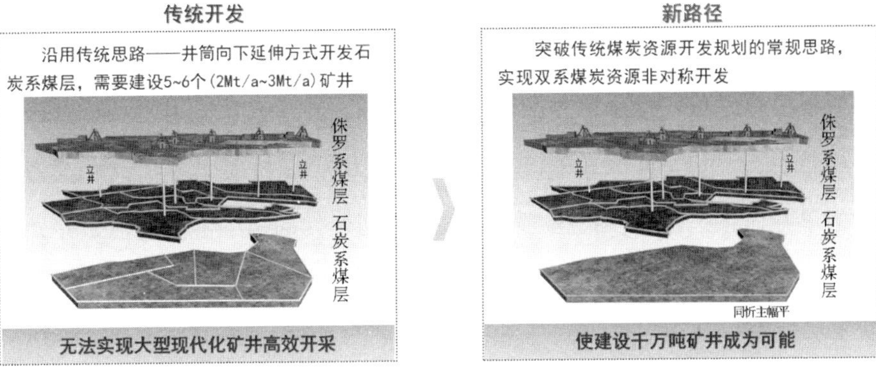

图4-3　大同矿区老矿区千万吨矿井建设新路径示意

大同矿区统一规划布局千万吨级高产高效矿井，实现石炭二叠系煤炭资源的科学、有序开采。2017 年已建成塔山、同忻煤矿，规划建成同发东周窑、麻家梁、马道头、色连、铁峰、梵王寺、潘家窑、白家沟、北辛窑、马脊梁等 10 座千万吨级矿井，分布在山西的大同矿区、朔南矿区、轩岗矿区和内蒙古的鄂尔多斯矿区。2018 年，大同矿区马脊梁矿主煤流系统改造完成，主煤流系统运输能力由 1100 t/h 提高到 1800 t/h，全年完成产量约 1024 万吨，成为继塔山、同忻、麻家梁、马道头、同发东周窑、色连、铁峰、北辛窑之后，第 9 座建成投产的千万吨级矿井（如图 4-4 所示），千万吨矿井群产量已占集团总产量的 53.5%。

图4-4　千万吨矿井集群开采示意

千万吨矿井集群中最具代表性的是塔山矿。矿井设计年生产能力1500万吨，从2003年初开始建设，2006年7月具备生产条件，2008年底矿井验收投产，井下用工800人，2008年产量达到1025万吨，2009年产量达到1500万吨设计能力。2010～2013年矿井实现平稳运行。2014年实施矿井流程再造，2014年底矿井实现年产3000万吨。2015～2018年矿井持续平稳运行，产量每年稳定在3000万吨。塔山矿是目前国际上设计能力最大的单井口井工矿井，我国“十一五”期间建设的第一个千万吨矿井，集团公司首个千万吨矿井、首个千万吨综采队在此诞生。矿井现有员工800人左右，全员效率1.88万吨，每工效率85吨，单井口产量、工作面单产、人均效率、煤炭回收率、成本利税率等方面已经跨入世界一流水平行列，属现代化的高产高效矿井。

第三节　构建千万吨矿井建设技术体系

在千万吨级矿井群建设过程中，大同矿区攻克了多项技术难关，取得了丰硕的科技成果，为我国综合机械化、数字化、自动化矿井建设提供了先进的示范效应。

一、特厚煤层大采高综放工作面开采技术与装备

为解决特厚煤层安全、高效开采难题，2008年科技部确定以大同塔山煤矿为试验矿井，开展14～20m特厚煤层开采关键技术及装备自主研发（闫志强，2014），将“特厚煤层大采高综放开采成套技术与装备研发”

列为新中国成立以来国家支持的煤炭行业第一个科技支撑重大项目。取得了以下主要成果。

第一，发明了 14 ~ 20m 特厚煤层大采高综放开采技术；创立了特厚煤层大采高综放开采围岩控制与三维放煤理论（闫志强，2014）（见图 4–5）。

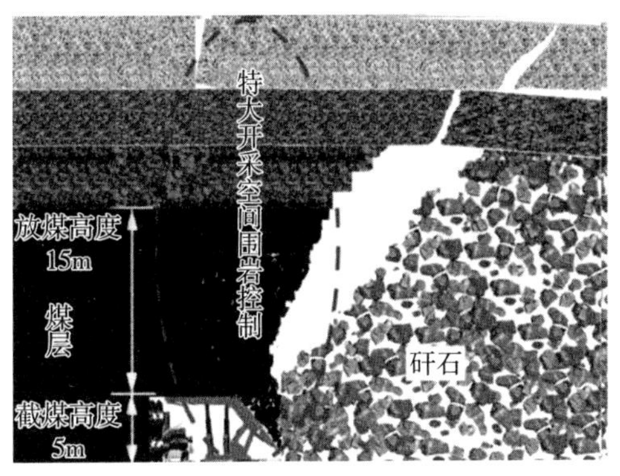

图4-5　特厚煤层大采高综放开采示意

第二，创新研发了世界首套年产千万吨特厚煤层大采高综放开采成套装备。开发的大采高综放开采成套装备包括世界首套特厚煤层 5.2m 大采高放顶煤液压支架（见图 4–6）；超大运量大功率软启动放顶煤工作面运输设备；高可靠性、大功率采煤机及其他配套设备及关键元部件。解决了特厚煤层大采高放顶煤液压支架强力抗冲击高效放煤、年产千万吨产能工作面十几种特大型装备关键元部件技术空白和系统集成的可靠性。

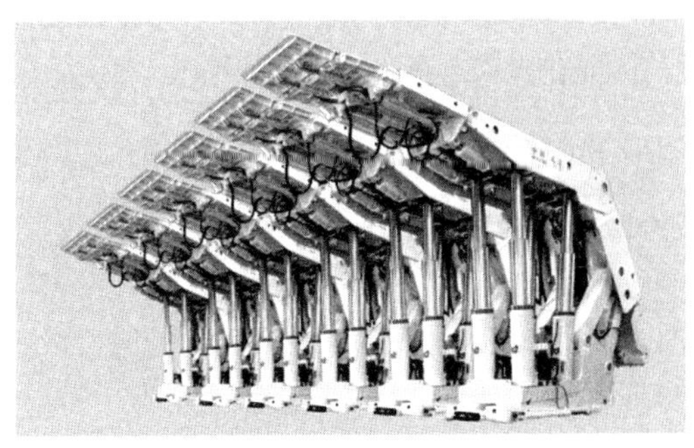

图4-6　5.2m大采高放顶煤液压支架

第三，发明了采煤机分体式截割装置和高速无链牵引行走系统，创新研制出高效、高可靠性电牵引采煤机（见图 4–7）。发明带式输送机恒张力自控张紧装置，研制出大运量、长距离顺槽带式输送机。此外，还研制出带锚杆钻臂的大断面煤巷掘进机及大吨位支架搬运车。

图4-7　MG 900/1915-GWD采煤机

第四，特厚煤层大采高综放开采技术与装备在大同塔山煤矿开展井下应用。塔山煤矿煤层厚度 14 ~ 20 米，机采高度 5 米，工作面设备平均开机率达 92.1%，平均月产量达 90.76 万吨，最高月产量达 103.5 万吨，回采率达 88.9%，平均工效达 364.5 吨 / 工（闫志强，2014）。

二、基于掘锚机组的特厚煤层巷道高效快速掘进技术

随着大同矿区下属塔山、同忻、麻家梁、马道头等多个千万吨矿井群建设，大同矿区已全面进入石炭系特厚煤层开采，高效开采技术凸显出巷道掘进效率偏低的瓶颈，造成采掘接续紧张，为此，大同矿区联合天地科技股份有限公司等开展了一系列基于掘锚机组的特厚煤层巷道快速掘进技术研究。

采用该技术成功应用于马道头、马脊梁等煤矿，特厚煤层条件下巷道月进尺超过 500 米，显著缓解了采掘接续的紧张，降低了工人劳动强度，提高了生产效率。

三、千万吨级矿井安全保障关键技术

特厚煤层综放开采，采空区冒落空间大、瓦斯涌出不均衡，工作面绝对瓦斯涌出量大、自然发火期短。必须解决瓦斯、防火安全保障技术难题。为此创新开发出大采高综放工作面瓦斯治理与综合防火安全保障技术（闫志强，2014）。

（一）大采高综放工作面瓦斯治理技术

通过理论分析、数值模拟、现场实测等方法，揭示了大采高综放工作面瓦斯涌出与分布呈现“低瓦斯赋存，高瓦斯涌出”，瓦斯涌出不均衡，采空区局部瓦斯涌出加剧，采场瓦斯浓度分布呈非线性的特点。针对工作面瓦斯赋存特征，采取“以强化采空区瓦斯抽采为主，以工作面通风系统优化为辅”的方法，开发了以顶板高抽巷为主的大采高综放工作面瓦斯综合治理技术。制订了三步走的综合治理方案：第一步，在工作面开采初期，采用上下隅角封堵、风帘引风稀释法治理上隅角瓦斯超限；第二步，通过建立大流量瓦斯抽采系统，采用高位预埋立管、上隅角插管抽采和工作面通风系统优化等措施治理瓦斯；第三步，通过施工顶板高抽巷，采用顶板高抽巷密闭抽采采空区瓦斯方法。塔山煤矿 8105 工作面瓦斯抽采如图 4-8 所示。

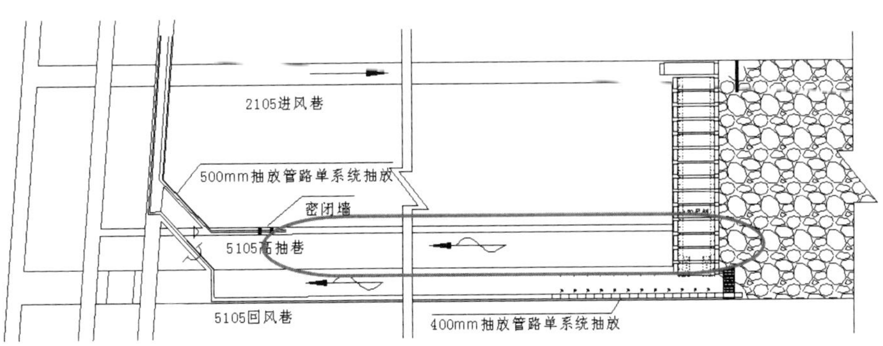

图4-8 塔山煤矿8105工作面瓦斯抽采示意

（二）大采高综放工作面防灭火技术

通过在工作面不同测点进行风量测试，确定了采空区漏风量。通过在采空区埋设束管，并接入矿井主束管监测系统自动分析，以及采空区风流流场的三维模拟，拟合分析了采空区氧浓度场，确定了试验工作面的采空区“三带”分布特征，给出了不同推进度下的注氮方法和注氮量，开发出大流量可移动式井下胶轮车制氮装置（如图 4–9）。

图4-9　组装完成的制氮装置

采用开发的特厚煤层大采高综放安全保障技术实现了瓦斯零超限，制氮装置实现了有效防火，保障了安全开采，无伤亡事故。

第四节　打造新老矿井耦合共生模式

针对石炭系边角煤等不适合高效开发的资源，进行老矿井（永定庄、白洞等矿）向下延深改造，稳定了老矿井，实现了双系资源协同开发，形成了新老矿井耦合共生模式。

一、推进老矿井水平接替与整合，实现精采细采

侏罗系煤炭是我国珍贵的稀缺资源，是煤炭产品中的“精粉”。面对日益严重的资源枯竭状况，针对复杂的地质条件和水、火、瓦斯、顶板等灾害挑战，我们优化开采方式，大力提高资源回收率，发挥精品资源效益，努力实现资源回收最大化、矿井服务年限最长化。

针对侏罗系资源日趋枯竭、多数老矿井面临资源接续难题，大同矿区提出了“一退一进、双系协同开采”战略举措（郭金刚 b，2018），积极推进 10 座老矿井水平延伸工程，每年新增产量 2865 万吨。特别是永定庄、四老沟、挖金湾、马脊梁、燕子山 5 座水平接替矿井相继投产；锦程、洪崖、圣厚源、梨园河 4 座矿井完成技改，有序释放产能，确保老矿井有序接替。

二、实施老矿新矿区域联动，实现优势互补

大同矿区煤峪口、忻州窑、云冈和四台现采资源已接近枯竭，矿井侏罗系剩余可布面储量 300 多万吨，剩余服务年限仅 3 ~ 4 年，而 4 座矿井合计有 21179 名正式工，矿井接续及人员分流问题十分突出。新建矿井有资源、效率、效益优势，但缺乏实践经验丰富的队组、管理人员及技术人员。

针对老矿井资源枯竭导致的矿井接续及人员分流问题，以及新矿经验丰富人员短缺的问题，大同矿区提出“老矿瘦身减体、新矿增肥强体”的理念。按照“新矿井发挥资源、效率、效益优势，老矿井发挥人力技术优势”的思路，以塔山—雁崖区域联动模式为典范，实施七大区域联动工程（王村、雁崖与塔山区域联动；煤峪口、大斗沟、同家梁与同忻区域联动；煤

峪口与马道头区域联动；挖金湾、忻州窑与虎龙沟区域联动；忻州窑与同发东周窑区域联动；云冈与北辛窑、麻家梁、峪沟、潘家窑多矿区域联动；四台与燕子山、马脊梁多矿区域联动），将减产老矿井的具有丰富实践经验的综采队及技术人员，整编配置，调配到新建矿井，促进生产有序接替、人员合理流动，强化了区域内生产组织和管理，减轻了老矿井人员负担，为新建矿井正常生产提供了强有力保障，老矿新矿区域联动，实现优势互补，提高了大集团核心竞争力和抗风险能力。

第五节　新老矿井协同开发，壮大基础产业

新老矿井协同是大同矿区转型发展的原始动力，是推动大同矿区相关产业转变的基础。通过老矿井水平接替延伸、新矿井创新规划布局建设，提升了矿井安全高效生产水平，促进了新旧动能转换。

一、延长了矿井服务年限，提高了企业经济效益

新老矿井协同开发是确保大同矿区煤炭开采产业正常发展的重要环节，侏罗系煤炭开采的相关技术、管理等经验可有效推广应用至石炭系煤炭资源开采过程中，为开采水平接替或矿井接续提供重要保障；同时，石炭系煤炭资源为延续矿井使用年限、解决关闭废弃矿井人员安置等提供了重要条件，实现利润约 1.2 亿元。

二、加速了先进产能释放，提升了矿井安全高效生产水平

2011 ~ 2018 年，大同矿区已关闭退出“方案内”矿井 7 座（同家梁、宏达、北杏庄、雁崖、大同市东周窑、金海、大斗沟），退出产能 925 万吨；关闭退出“方案外”矿井 2 座（晋华宫矿南山井、新裕煤矿），退出产能 131 万吨；核减了“方案外”的姜家湾、四台、忻州窑 3 座矿井产能 550 万吨。截至 2018 年底，共关闭退出 9 座矿井、核减 3 座矿井产能，退出、核减产能合计 1606 万吨。同时加快了老矿井“瘦身健体”。2017 年完成了 6 座矿井 9 个采区，2018 年完成了 12 座矿井 22 个采区的残旧采区回撤、收缩、封闭工作，降低了运行成本。

同时，已关闭矿井全部按照国家产能置换政策参与了新建矿井、技改矿井的产能置换，将落后产能置换为先进产能。已取得同发东周窑、马道头、北辛窑、色连 4 座新建矿井及梨园河、洪崖、同安、寺塔、胜利、永财坡、安顺 7 座资源整合矿井的产能置换方案的批复文件，拟定了“雪坪 + 豁口 + 榆树底”煤矿的减量重组方案。通过先进产能的建设，2018 年大同矿区先进产能占比已达 61.7%。大同矿区煤矿平均综合单产由 2011 年的 12.56 万吨 /（个·月）增长至 2018 年的 14.99 万吨 /（个·月）。大同矿区以发展先进产能的方式，保障了煤炭形势困难的情况下企业和职工收入平稳发展。

三、稳住了煤炭开采产业，为新旧动能转化创造了条件

大同矿区通过关闭退出一部分煤矿、延伸一部分煤矿、新建一部分煤矿，稳住了煤炭开采主业；通过流程再造，进一步改造升级生产矿井，

保障了大同矿区煤炭开采产业的稳定发展，实现了新旧动能转化，确保了煤炭开采走高质量发展道路。新老矿井协同过程中所获科技奖项如表 4–1 所示。

表4-1　　新老矿井协同开发过程中所获奖项

序号	获奖类别	获奖项目名称	获奖年度	等级
1	国家科学技术奖	大同矿区复杂开采条件煤炭火灾防治关键技术	2012	二
2		综放开采顶煤放出理论与厚煤层开采围岩控制技术及应用	2011	二
3	中国煤炭工业协会科技进步奖	特厚煤层综放开采远场关键层破断型式及失稳机制	2017	一
4		特厚煤层综放工作面大变形回采巷道离层监测及超前支护技术	2017	二
5		双系煤层开采覆岩结构演化致灾机理	2017	二
6		薄基岩厚表土条件局部限厚充填开采技术研究	2017	三
7		矿用WIFI线缆系统研究与应用	2017	三
8		矿井通风智能决策与远程控制系统研究	2017	三
9		大同双系特厚煤层强矿压发生机理及综合治理技术研究	2016	一
10		千万吨级矿井生产系统保障集成技术研究与应用	2016	一
11		深部特厚煤层多次采动巷道围岩综合应力场演化及支护技术	2016	二
12		多煤层复杂顶板开采技术研究	2016	二
13		两硬复杂条件残留煤柱短壁综放开采关键技术研究	2016	二
14		煤矿企业非致死性职业伤害影响因素与职业紧张特点的研究	2016	二
15		基于采空区环境动态监测的“两硬”近距煤层沿空留巷研究	2016	三

续表

序号	获奖类别	获奖项目名称	获奖年度	等级
16	中国煤炭工业协会科技进步奖	石炭系特厚煤层坚硬顶板高压水致裂理论与工程应用研究	2016	三
17		矿井水害超前探测及多元信息融合处理预警系统研究	2016	三
18		矿井火灾灾变气体分析方法与实践	2016	三
19		坚硬特厚煤层综放开采顶煤水力致裂控制理论与技术	2015	一
20		采动过程中煤岩体破断机理及裂隙演化规律及应用	2015	一
21		复杂地质条件下千万吨矿井群建设关键技术研究	2015	一
22		大同矿区双系煤层开采耦合工程效应与相互作用规律研究	2015	二
23		大同矿区坚硬顶板静动压巷道稳定控制关键技术	2015	二
24		近距离易自燃煤层群开采复合采空区瓦斯与火协同防控技术研究	2015	三
25		选煤厂尾煤水生物与非生物联合絮凝技术研究	2015	三
26		双系煤层复杂条件下千万吨矿井安全开采技术与实践	2014	一
27		大同煤田石炭系煤层底板突水研究	2014	二
28		双系开采井田采空积水综合探测与立体防治技术研究	2014	二
29		沿空留巷力学模型及系列支护技术	2014	二
30		矿井火灾多源信息融合预警及控制技术研究	2014	二
31		大同煤田构造特征及其对石炭系主采煤层赋存影响的研究	2014	三
32		石炭系3-5#层火成岩侵入区巷道支护技术	2014	三
33		两硬大采高低瓦斯煤层高产高效综放工作面瓦斯治理技术研究	2014	三
34		工作面多参数自动调控风流平衡系统研究	2014	三
35		洗煤厂大梁监测技术	2014	三
36		高寒地区矿井回风热能井筒防冻技术研究	2014	三
37		煤矿重大灾害预防保障体系与综合管理技术研究	2014	三

续表

序号	获奖类别	获奖项目名称	获奖年度	等级
38	中国煤炭工业协会科技进步奖	大同双系煤层群坚硬顶板控制理论与技术研究	2013	一
39		大同矿区“两系”煤巷变形力学特性及支护关键技术研究	2013	二
40		极近距离（1 ~ 3m）煤层开采顶板活动规律及技术研究	2013	二
41		大采高综放开采技术标准体系研究	2013	二
42		金庄煤业复杂条件下煤巷安全高效掘进关键技术研究	2013	三
43		多煤层开采矿井冲击地压发生机理及综合防治技术	2013	三
44		大倾角复杂条件综采成套技术研究及应用	2013	三
45		大同矿区二叠纪4#层火成岩侵入条件下变质煤开采技术研究	2012	二
46		大同矿区正压通风矿井煤层群火区综合治理技术研究	2012	二
47		富水复杂地质体大断面巷道支护技术优化研究与应用	2012	二
48		大同浅埋深坚硬顶板弱化防冲技术研究	2012	二
49		综放回采巷道互补协同支护理论及关键技术研究	2012	二
50		矿区地表灾害多源监测分析若干关键技术及其应用	2012	二
51		大同矿区北部石炭二叠纪含煤地层沉积环境与聚煤特征研究	2012	三
52		两硬条件下薄煤层开采围岩运动规律及开采技术研究	2012	三
53		轩岗三软综放高导升煤层底板水害探测与评价技术研究	2012	三
54		大同石炭系特厚煤层综放开采全煤巷道矿压监测及支护技术研究	2011	二
55		塔山矿超厚煤层综放特大断面切眼支护技术研究	2011	三
56		大同“两硬”综放顶煤“注水–爆破”联合弱化关键技术研究	2011	三
57		煌斑岩侵入下易自燃特厚煤层千万吨工作面综合防灭火技术研究	2011	三

续表

序号	获奖类别	获奖项目名称	获奖年度	等级
58	中国煤炭工业协会科技进步奖	大同矿区矸石山防灭火技术研究	2011	三
59		干旱矿区坑口电厂节水节能技术研究与应用	2011	三
60	中国岩石力学与工程学会奖	大空间采场远场关键层结构失稳致灾机理研究	2017	二
61		特厚煤层大开采空间综放面沿空掘巷成套技术研究与应用	2016	一
62		多煤层开采采动影响围岩活动规律及其控制	2016	二
63		基于解放层开采的区域治理特厚综放大结构顶板强矿压技术	2016	三
64		基于综合应力场演化的深部特厚煤层多次动压影响巷道支护技术及应用	2016	三
65		坚硬顶板特厚煤层瓦斯协同抽采技术	2016	三
66		浅埋厚煤层软弱覆岩裂隙发育规律和非胶结膏体开采技术	2016	三
67		近距煤层群开采覆岩破断演化规律与致灾机理研究及应用	2016	三
68		厚煤层综放工作面瓦斯与火综合治理技术研究	2015	一
69		大同双系特厚煤层强矿压发生机理及综合治理技术研究	2015	二
70		采动煤岩体破断规律及裂隙演化基础与应用	2015	二
71		双系煤层群开采多矿井地下水立体探测与综合防治技术	2015	三
72		大同“两硬”综放顶煤“注水-爆破”联合弱化关键技术	2012	一
73		大同侏罗纪多层采空区下难采煤层综采覆岩运动规律与控制技术	2012	二
74	山西省科技进步奖	石炭系特厚煤层坚硬顶板高压水致裂理论与工程应用研究	2016	二
75		高强度开采条件下煤岩体破断、裂隙演化及放煤过程瓦斯涌出规律	2016	二
76		大同矿区复杂地质条件下煤层赋存稳定性评价与应用	2016	三

续表

序号	获奖类别	获奖项目名称	获奖年度	等级
77	山西省科技进步奖	坚硬煤岩的承压爆破预裂控制技术研究	2016	三
78		大同矿区瓦斯分类治理成套技术研究与实践	2016	三
79		大同矿区坚硬顶板静动压巷道稳定控制关键技术	2015	二
80		多煤层覆岩破断群结构演化致灾机理及应用	2015	二
81		亿吨矿区特大型矿井群资源协调开发关键技术	2015	二
82		近距离易自燃煤层群开采复合采空区瓦斯与火协同防控技术研究	2015	二
83		矿井水害超前探测及多元信息融合处理预警系统研究	2015	二
84		基于波导型圆极化定向天线的工作面综合语音通信系统的研究	2015	三
85		大同双系特厚煤层强矿压发生机理及综合治理技术研究	2015	三
86		冲沟发育地貌浅埋松软围岩煤层安全高效开采技术研究	2015	三
87		大型提升机远程监测及故障预警诊断系统开发研究	2015	三
88		双系煤层复杂条件下千万吨矿井安全开采技术与实践	2014	二
89		煤层坚硬顶板水力致裂控制理论与成套技术	2014	二
90		双系开采井田采空积水综合探测与立体防治技术研究	2014	二
91		工作面多参数自动调控风流平衡系统研究	2014	二
92		大同矿区石炭系特厚煤层回采巷道矿压显现规律及支护技术研究	2014	三
93		复杂条件含夹矸特厚煤层综放开采技术研究	2014	三
94		极复杂煤层综放开采关键技术研究	2014	三
95		综放工作面煤矸放落自动识别研究	2014	三
96		两硬大采高低瓦斯煤层高产高效综放面瓦斯防治体系研究	2014	三

续表

序号	获奖类别	获奖项目名称	获奖年度	等级
97	山西省科技进步奖	煤矿采空区光纤综合在线监测系统的研究与应用	2014	三
98		煤矿灾害救援虚拟演练系统研究	2014	三
99		高寒地区矿井回风热能井筒防冻技术研究	2014	三
100		大同矿区双系煤层群开采覆岩控制理论与技术研究	2013	二
101		千万吨级矿井提升系统关键技术集成与应用研究	2013	二
102		大同矿区“两系”煤巷变形力学特性及支护关键技术	2013	二
103		资源整合矿井综合防灭火及开采关键技术	2013	三
104		多煤层开采矿井冲击地压发生机理及综合防治技术	2013	三
105		基于802.11n的煤矿井下无线多功能信息传输平台与人员定位系统的研究与应用	2013	三
106		塔山特大型矿井安全高效开采模式与关键技术研究	2012	一
107		大采高综放开采工艺技术研究	2012	二
108		采空区自然发火多场耦合时空演化规律及防治技术研究	2012	二
109		大采高综放工作面安全保障关键技术研究	2012	三
110		大同矿区侏罗系近距离多层采空区下防灭火安全开采理论与技术	2011	二
111		大同矿区两硬复杂条件下安全高效开采集成创新技术体系	2011	二
112		大同“两硬”综放顶煤“注水-爆破”联合弱化关键技术研究	2011	二

第五章

煤炭开发与利用协同发展

随着优质侏罗系煤炭资源产量减少，如何充分发挥煤质较差的石炭二叠系煤炭资源效益，成为大同矿区迫在眉睫的问题。大同矿区结合自身资源禀赋实际情况，决定布局电力、循环经济园区等煤炭利用产业链，通过煤炭开发与利用协同发展，提高企业的抗风险能力，进一步增强传统产业的竞争力。

第一节　煤炭开发与利用协同发展背景

一、协同背景

（一）产量及构成变化

随着浅部侏罗系煤炭日趋枯竭，深部石炭二叠系煤炭资源开采成为重点。2011 年，大同矿区开采侏罗系煤炭资源为 4976.3 万吨，石炭二叠系煤炭资源为 6560.4 万吨；2017 年，大同矿区开采侏罗系煤炭资源为 1711.6 万吨，石炭二叠系煤炭资源为 10988.5 万吨（见图 5–1）。

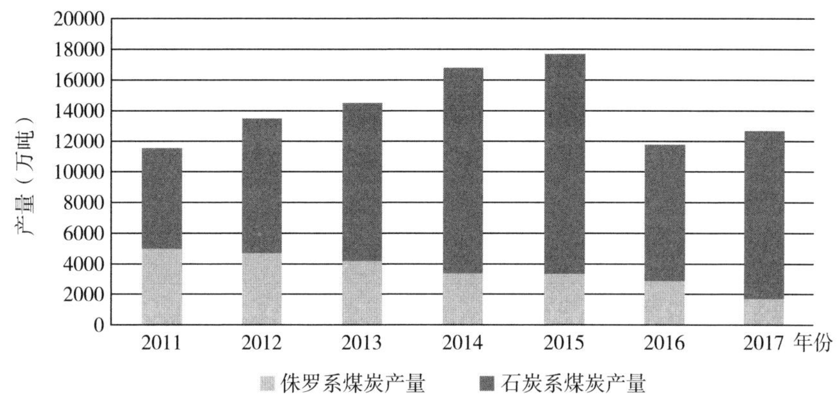

图5-1　双系煤层产量所占比例的发展趋势

（二）煤质变差

侏罗系与石炭系煤炭资源由于赋存年限和环境的不同，相应的煤质也存在一定的差异性。侏罗系煤种以弱黏煤 RN 和不黏煤 BN 为主（有“精粉”之称），局部有 1/2 中黏煤 ZN、气煤 QM，极个别有 1/3 焦煤 JM。原煤灰分 A_d 一般低于 15%，局部出现 20% 以上，硫分一般低于 1%，发热量 $Q_{b.daf}$ 为 33.45 MJ/kg，属于优质的动力用煤，可用于制煤气、煤化工等方面。而大同石炭二叠纪煤以气煤 QM、长焰煤 CY 为主。灰分介于 24.12% ~ 28.67%，全硫一般小于 1%（除 8 号煤层外），属于中灰 – 高灰、特低 – 低硫煤，发热量 $Q_{b.daf}$ 介于 30.62 ~ 31.97 MJ/kg，属于动力用煤，虽然可用于发电，但品质较差，售价低。

（三）销售难度增加

从大同矿区的资源禀赋现状看，由于优质的侏罗系煤炭资源产量减少，而产量高的石炭系煤炭资源售价较低，大同矿区不能像以往一样单纯依靠煤炭的外销来支撑发展，必须寻求煤炭更高价值的利用方式，提高利润水平。否则煤炭开采产业盈利能力大幅下降，煤炭经济支撑力将急剧下降，企业整体将出现经营困难局面。因此，协同发展煤炭利用与开发是大同矿区实现转型的必经之路。

二、煤炭开发与利用协同发展思路

随着煤炭资源的变化，大同矿区从“以外销为主”的矿区变成“外销+内销”相结合的矿区。结合自身资源禀赋实际情况，决定适时、适度地布局煤炭利用产业。在利用产业的选择上，大同矿区一方面发展电力产业，电力产业与煤炭产业关联度高，煤炭企业发展电力，可以实现优势互补，发展“煤电一体化”是企业发展的必由之路；另一方面以循环经济园区建设为切入点，开展煤化工产业布局（如图 5–2 所示）。

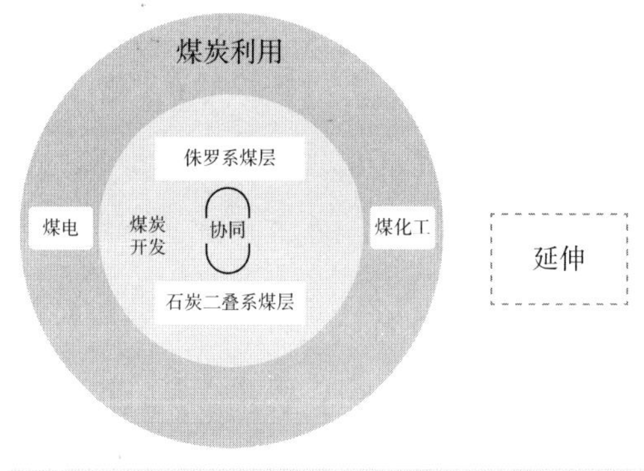

· 以外销为主的矿区变成“外销+内销”相结合的矿区
· 布局电力、煤化工等煤炭利用产业，延伸产业链

图5-2　煤炭开发与利用协同总体思路

（一）煤电一体化

煤炭市场下行时，一元化的原煤销售模式难有高附加值，低品质资源产品利润较低，而单位数量煤炭在发电后所产生效益明显高于原煤。因此，大同矿区必须依托煤电一体化模式，有效调整和优化集团产业结构。通过

自主建设、合并整合等模式，建立适配大同矿区的发电基地，构建高度融合的煤电一体化产业链。二者的一体化，既畅通了石炭二叠系动力煤的内部消化渠道，规避了市场低价所带来的滞销等风险，同时又保障了电力煤源的稳定供应，防控了煤炭价格上行时的电力企业风险，使得两个产业优势互补、提升效益、协同发展。

（二）煤化工

大同矿区坚持低碳环保、综合利用、区域集成发展的现代煤化工发展模式，走“低碳绿色、循环再生”的新型工业化发展道路，较好地体现了循环经济“减量化、再利用、资源化”的内涵。主要有两条主线：一是煤炭产品按照不同用户分选后进行分级利用；二是煤化工产品链的纵向延伸和横向耦合。最终形成一个由煤炭向煤化工、新能源、新材料等产业领域敷设的闭环回路的循环经济产业链，实现了煤炭化工高效清洁利用。

第二节　建立高度融合的煤电一体化产业链

大同矿区通过兼并重组、规划建设，发电装机容量从 2012 年的 384.95 万千瓦增长到 2018 年的 1708.5 万千瓦，其中 60 万千瓦以上机组占比提升到 65%。到 2020 年，大同矿区电力总装机预计达到 2500 万千瓦，每年可就地转化煤炭 6000 万吨，煤电一体化发展、产业深度融合的聚合效应将进一步显现，会极大地增加大同矿区抗风险能力（谷敬煊等，2013）。

一、煤电一体化建设发展历程

大同矿区煤电一体化主要经历了自主建设、并购重组、高速发展3个时期。

（一）自主建设：1998 ~ 2010年

1998年，受亚洲金融危机剧烈冲击和宏观经济形势的影响，大同矿区生存压力非常巨大。痛定思痛之后，大同矿区认识到要实现企业的持续、健康、稳定发展，必须摆脱一煤独大的格局，走转型发展的道路。在党和国家、山西省委和省政府有关领导及部门的关心、指导、支持帮助下，大同矿区开始向煤炭的下游——电力产业发展。

经过几年的不懈努力，2004年7月，大同矿区大唐热电一期4×50MW热电机组开工建设。2006年4月第一台机组投运，结束了大同矿区“有煤无电”的历史。2008年7月，塔山电厂一期2×600MW亚临界机组投运，开创了煤炭企业办大电厂的局面（侯全海等，2018）。2010年6月，同华电厂一期2×660MW超临界机组投运，开启了山西省超临界机组发电的先河。

通过自主建设，大同矿区共有发电装机容量385万千瓦（运行容量319万千瓦、在建容量66万千瓦）。

（二）并购重组：2011 ~ 2012年

2011年，中电投集团所属的漳泽电力难以为继。大同矿区在充分调研的基础上，科学分析了重组漳泽电力的得失利弊，决定并购漳泽电力。自2011年6月起，大同矿区与中电投集团商谈漳泽电力重组事宜。经过艰苦细致的工作，通过协议转让、无偿划转、定向增发、配套融资等手段，2012年11月29日，漳泽电力重大资产重组方案顺利通过中国证监会并购重组委员会审核。

重组漳泽电力后，大同矿区发电装机容量增加到 743.85 万千瓦（运行容量 677.85 万千瓦、在建容量 66 万千瓦）。

（三）高速发展：2013 ~ 2018年

2013 年以来，大同矿区积极响应和充分利用国家和山西省的产业政策，紧紧抓住国家级煤电基地建设、低热值煤发电项目建设、央企入晋、山西省国有大型企业改革试点等有利时机，与此同时，积极拓展新能源产业，建设采煤沉陷区国家级光伏示范基地，电力产业进入了高速行驶的快车道。

2013 年底，大同矿区发电装机容量为 1110.85 万千瓦（运行容量 848.85 万千瓦、在建容量 262 万千瓦）；2014 年底，大同矿区发电装机容量为 1401.85 万千瓦（运行容量 917.85 万千瓦、在建容量 484 万千瓦）；2015 年底，大同矿区发电装机容量为 1605 万千瓦（运行容量 937 万千瓦、在建容量 668 万千瓦）；2016 年底，大同矿区发电装机容量为 1643 万千瓦；2018 年底，大同矿区发电装机容量为 1708.5 万千瓦。

二、推进煤电一体化采取的措施

（一）加大力度重组漳泽电力

1. 果断决策，战略布局

重组漳泽电力之前，大同矿区电力装机容量为 384.95 万千瓦，后备项目很少，发展空间有限；装机容量 318.85 万千瓦的漳泽电力由于经营严重亏损，已经取得核准和路条的项目无法推进。2012 年，由山西省政府牵头，大同矿区果断决策，战略布局重组漳泽电力，获得上市融资和项目储备两大平台，成为首家通过资本市场形成煤电一体化的煤炭企业。在兼并重组的同时，大同矿区还加强对漳泽电力的运营管理，实现战略、管理、文化“三融合”，做到人、财、物、计划、统计、营销“六统一”（马玉宝 a，2012），一举成为融合发展、良性运转的山西最大的煤电一体化企业。

2. 启动停滞项目，加快规模建设

重组漳泽电力后，大同矿区相继提出“煤炭做强、电力做大”和“煤炭一亿五、电力上千万”的奋斗目标，侯马项目重新复工，永济项目开工建设，娘子关项目变更路条为同华二期项目易地建设，快速推进塔山二期、阳高热电和朔南热电 3 个项目的前期工作。

3. 整合人力资源，实行专业管理

一是采用“一套人马、两块牌子、统一管理”模式，对大同矿区的全资子公司电力能源公司与漳泽电力公司实行合署办公，人力资源得到优化配置。二是转变“煤管电”模式，将原来本部的大唐热电、塔山一期、同华热电、王坪电厂四个电厂全部由漳泽电力实行归口管理，实现专业人才、技术、项目的合理搭配。三是成立电力产业部，有效发挥沟通、协助、解决问题的作用。由此，实现了管理资源的优化整合，解决了因缺少电力管理人才和技术人才而影响电力产业安全、生产、经营的问题，电力产业专业化管理水平不断提升，机组技术经济指标持续改善。

（二）重视项目布局，建设三大基地

2013 年以来，大同矿区进一步加快电力项目布局，建设三大基地，

强化区域发展优势和产业协同效应，积极推进集团所属煤矿周边及大秦铁路沿线电厂的整合重组，大力推进煤电联营和煤电一体化，打造晋北、晋南、长治三个煤电一体化基地。一是晋北煤电基地。在大唐热电、塔山发电、同华发电、王坪发电 4 座电厂运营的基础上，2013 年底同达热电实现并网发电。“十二五”末建成包含塔电二期、朔南热电、阳高热电、同华二期，地跨大同、朔州、忻州地区的晋北煤电基地。二是晋南煤电基地。一方面，推进寺塔煤矿建设，解决山西南部电厂煤炭资源不足问题；另一方面，在河津发电、华泽铝电、蒲州发电、临汾热电、关铝热电 5 座电厂投产运营的基础上，2014 年底侯马热电投产发电，2015 年底蒲州热电投产发电，并继续推进河津三期前期工作。三是长治煤电基地。依托长治地区丰富的煤炭资源，继续发挥漳泽电厂作用，加快推进漳泽百万项目。

（三）强强联合，共同抵御市场风险

大同矿区坚持走电力扩容之路，积极探讨与运煤半径范围内各类电厂的供煤合作，特别是对大秦铁路沿线的电厂，依托运距短、成本低的优势，鼓励通过参股、控股等方式进行合作。通过加强与大唐、国电、华能等企业及其所属（子）分公司的对接，加大煤炭销售量，为电力做大做强奠定基础。同时，大同矿区加大内部“煤电互保”和“北煤南运”工作力度，在同质同价的前提下，大同矿区煤炭生产销售单位首先必须保证供应内部电厂，实现效益最大化。

（四）瞄准技术标杆，挖潜增效

新建项目全部按照超低排放标准设计施工，从环保规划入手，科学论证环保改造技术措施，努力做到设计精确、参数先进、方案优良，总体要

求概括为“大容量、高参数、低排放、低能耗”。①大容量：新建项目单机容量在 60 万千瓦级以上，优先建设 100 万千瓦等级机组；②高参数：新建项目主蒸汽参数达到超临界以上，优先建设超超临界机组；③低排放：新建项目主要污染物指标全部实现超低排放，现役机组在 2017 年末实现超低排放；④低能耗：新建项目供电煤耗不大于 300 克 / 千瓦时，现役机组供电煤耗到“十三五”末不大于 310 克 / 千瓦时。2017 年，大同矿区完成了漳泽发电、王坪发电超低排放改造，20 万千瓦及以上机组全部实现超低排放；2018 年，漳泽发电生产方面，发电量、供电煤耗创历史最好水平。发电量完成 323.54 亿千瓦时，同比增加 11.78%，供电煤耗完成 326.29 克 / 千瓦时，同比降低 4.95 克 / 千瓦时。

电力产业瞄准“国内先进、国际一流”的标杆企业，围绕运营电厂与在建项目两条线，制定《电力产业指标对标管理办法》，建立以成本最优化、效益最大化为核心的对标管理体系，建立了以利润总额为龙头，以发电量、营业收入、利用小时、供电煤耗、厂用电率、标煤单价、入厂入炉煤热值差等为主要指标的对标管理体系。通过与同行业先进企业主要技术经济指标进行对比分析，查找差距，制定并实施改进措施，从而接近、达到和超越先进企业管理水平和盈利能力。通过分析管理差距，提出改进措施，有效推进了各项指标尤其是供电标煤耗、厂用电率、综合水耗等指标的持续改进。在市场需求严重不足的情况下，大同矿区机组利用小时数高于山西省内同类型机组，部分机组供电煤耗达到国内一流。2018 年，全年供电煤耗完成 324.7 克 / 千瓦时，同比降低 4.4 克 / 千瓦时，节约煤炭采购成本 7000 万元以上。预计到 2020 年，现役煤电机组平均供电煤耗将降至 310 克 / 千瓦时，新建煤电机组平均供电煤耗将降至 300 克 / 千瓦时。而目前的火电行业供电煤耗为 311 克 / 千瓦时。

（五）构建煤电一体化企业竞争力结构方程模型，科学指导产业链延伸

为进一步评价煤电一体化带来的效益，大同矿区构建了煤电一体化累积效应定量评价方法，提出了煤电一体化企业竞争力结构方程模型（见图 5–3）。

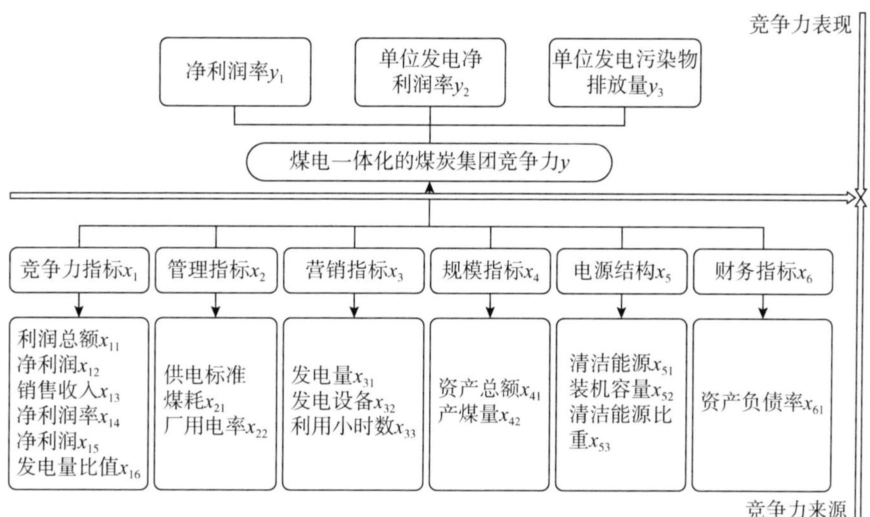

图5-3 煤电一体化结构方程模型指标体系示意

结构方程模型的数学表达式为：

$$y_i = \sum_{i=1}^{3}\sum_{j=1}^{3} a_{ij} x_j + e,\ a_{ij} \geqslant 0,\ \sum_{j=1}^{3} a_{ij} = 1,\ i = 1,2,3$$

$$x_j = \sum\nolimits_{k=1}^{m} b_{jk} x_{jk},\ \sum\nolimits_{k=1}^{m} b_{jk} = 1,\ j = 1,2,3;\ k = 1,2,\cdots \text{（潜在变量个数）}$$

根据结构方程模型的计算结果，可以得出大同矿区煤电一体化竞争力表现，从而科学指导煤基产业链延伸。

三、煤电一体化取得的成效

大同矿区通过自主建设和并购重组，步入煤电一体化的快车道，取得

了较为明显的成效。

（一）经济效益

1. 电力装机容量突飞猛进

大同矿区电力装机容量从 2011 年的 385 万千瓦发展到 2018 年的 1708.5 万千瓦，增长 343.8%，其中 60 万千瓦及以上机组占比 46.3%，每年就地消化煤炭 2000 万吨以上。经过几年来的飞速发展，大同矿区一跃成为山西省最大的发电企业。

2011 ～ 2018 年，电力装机容量分别为 385 万千瓦、743.85 万千瓦、1110.85 万千瓦、1401.85 万千瓦、1605 万千瓦、1643 万千瓦、1700.3 万千瓦、1708.5 万千瓦（如图 5–4 所示）。

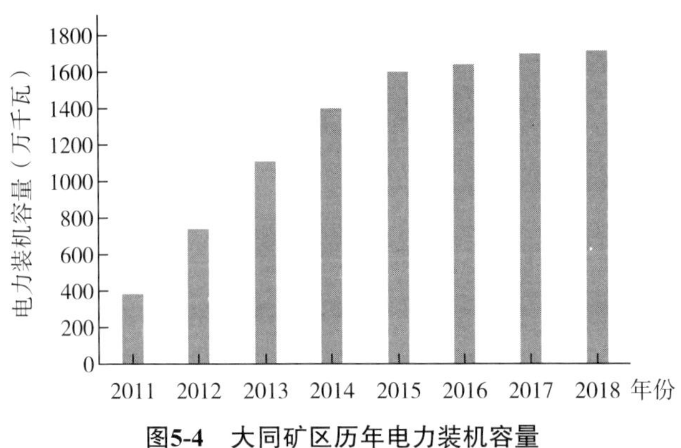

图5-4　大同矿区历年电力装机容量

2. 主要电力指标持续向好

“十二五”期间，电力产业累计发电量完成 2247 亿千瓦时，累计销售收入完成 639.76 亿元，成为集团收入的主要来源之一。

2011 ～ 2018 年，发电量分别为 173 亿千瓦时、305 亿千瓦时、

323.3 亿千瓦时、364.5 亿千瓦时、365 亿千瓦时、333.43 亿千瓦时、382.77 亿千瓦时，394.2 亿千瓦时；销售收入分别为 48.7 亿元、54.71 亿元、113 亿元、117 亿元、100 亿元、92.52 亿元、113.83 亿元、116.52 亿元（如图 5-5 所示）。

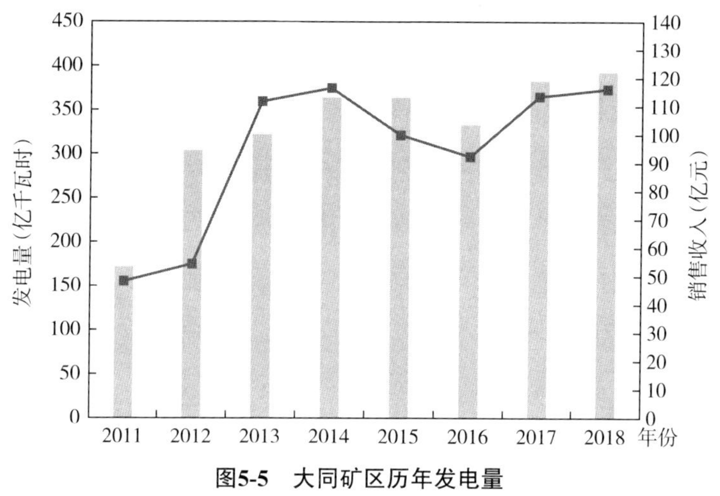

图5-5 大同矿区历年发电量

在煤炭市场低迷的形势下，大同矿区通过发展电力产业弥补经营缺口，企业抗风险能力明显提升。2018 年，全年获得省内交易电量 117.86 亿千瓦时，取得电网外送、外部替代、政策奖励电量 80.3 亿千瓦时，为企业减亏增盈奠定了基础，为保持集团“资金不断、项目不停、指标不变、工资不降、发展稳定”的良好局面起到了至关重要的作用。

3. 消化内部煤炭凸显优势

大同矿区通过发展煤电一体化，不仅可以保证电厂稳定的煤源供应，还可以畅通煤矿的煤炭销路，增大了企业内部煤炭消化力度。依托煤电一体化，2011 ~ 2018 年，电力产业消化集团内部原煤累计 11288 万吨。通过煤炭和电力产业链的延伸，增强了抵御市场风险的能力。

（二）社会效益

通过实施煤电一体化发展战略，大同矿区更大程度地发挥出产业聚合效应，实现变输送一次能源为输送清洁能源，减少了运输过程车辆废气排放和煤炭粉尘污染。与此同时，煤矿开采过程中的矿井排水也可以作为发电的生产用水，充分提高资源利用率，实现循环利用。煤电一体化创造了良好生态效益，实现了清洁低碳发展。

先进的煤电一体化经验也为大同矿区“走出去”、彰显中国综合实力提供了重要基础。在“一带一路”项目中，大同矿区与哈电国际建立了国际电力服务战略伙伴关系，承揽印尼万丹能源有限公司 1 号机组 67 万千瓦调试业务，实现双方联手，合作共赢。和斯里兰卡、澳大利亚、莫桑比克等合作 5 个项目，并取得实质性进展。同华电厂摩洛哥运维项目顺利通过 240 小时满负荷运行。

第三节　推进增环补链，实现循环园区再升级

随着煤炭开采、利用等产业链不断延伸，各产业间的交易成本逐渐成为大同矿区亟待解决的问题。为减少各产业间的边际成本，大同矿区以建设循环经济园区为突破口，推进煤炭利用与开采产业的深入融合，实现了产业间内部交易成本最小化。循环经济园区是集煤炭开采、煤化工、发电、建材等方面于一体的微型协同体。大同矿区在煤炭开发与利用协同发展过程中，通过多环节协同开发、延长产业链，建设循环经济园区，实现产品

多元化、环境低害化。

截至2018年底，大同矿区已建成塔山、王坪—小峪两个循环经济园区，轩岗、东金潘、朔南、白家沟、铁峰、灵丘等园区的建设也在有序推进。其中以塔山循环经济园区最具特色。

一、“煤—电—热—化—建”塔山循环经济园

塔山循环经济园区，坐落于大同市西南30公里的塔山脚下，是大同矿区根据循环经济“减量化、再利用、资源化”的基本原则，以“集约、绿色、多元、低碳”为特色，规划建设的第一个循环经济园区。园区2003年2月开工，2009年7月初步建成，是全国煤炭行业建成的第一个规划最完整、建设速度最快的高科技、高品位、高效益的循环经济园区。塔山园区规划占地面积13755亩，总投资544亿元。园区由初期“两矿十厂一条路”13个项目，经过增环补链，形成了“两矿四化五电九厂一条路”21个项目，“煤—电—热”“煤—化工”“煤—电—建”3条产业链耦合共生的循环经济园区（侯全海等，2018）。

（一）推进煤炭循环利用采取的措施

塔山循环经济园区以塔山、同忻两座煤矿为龙头，配套建设选煤厂、电厂、煤化工项目。各个生产单位首尾相接，环环紧扣，上一个生产单位产生的废料，正好是下一个生产单位的原料，逐层减量利用，做到了“循环利用、吃干榨尽”。

1. 持续提升矿井现代化水平，向集约高效型转变

塔山循环经济园区坚持以推动煤炭主业“做大、做强、做精、做优”

为指导思路，不断提升矿井现代化、信息化水平。塔山园区内的塔山、同忻两座千万吨级矿井，是大同矿区煤炭产业的中坚力量。矿井在工艺技术上，瞄准先进，自主创新，资源回收率一直保持在 85% 以上。在坚持精采细采、适度开发、最大回收、最少排放，保证合理的资源回收率前提下，对矿区范围内的煤炭、伴生矿产、地下水、瓦斯等进行综合开发，煤炭伴生资源也实现了采出最大化，避免了资源的浪费。2014 年大同矿区对两矿实施了以释放产能为目的的流程再造，为大同矿区建设两亿吨煤炭基地奠定了坚实基础。

2. 以清洁利用为重点，向清洁低碳型转变

清洁利用的核心在于资源的再利用和循环利用。塔山循环经济园区主要是通过以下分类利用和超低排放发电技术装备来实现煤炭资源的精准利用、清洁利用。

一是洗选加工，分类利用。塔山煤矿和同忻煤矿开采的原煤全部经胶带运输机进入选煤厂。两大选煤厂洗选能力与煤矿产能同步达到 3900 万吨 / 年（塔山 2300 万吨 / 年、同忻 1600 万吨 / 年）。通过煤炭筛分、洗选等，将原煤进行分类，洗出的精煤经全封闭的皮带运输机进入精煤仓，筛分煤通过全封闭的空中输煤走廊进入坑口电厂，真正做到了采煤不见煤；部分精煤通过塔山铁路专运线装车外运销售；其间产出的中煤可提供给下游资源综合利用电厂、甲醇项目用作燃料，煤矸石和高岭岩将用于发电、生产高岭土等（邢保平，2009）。

二是加强煤炭就地转化，减少环境污染。发电原煤全部通过 1.5km 输煤栈桥从矿井直接送达电厂，减少了中间运输环节，与运到南方电厂销售相比，吨煤可节约运费 200 多元，同时还减少了运输的煤尘污染。电厂选用高压循环流化床环保锅炉，通过燃料和脱硫剂多次循环、反复燃烧和反

应，提高了燃烧和脱硫的效率，具有直接脱硫和减少氮氧化物的效果。电场加布袋除尘器，有效地减少了烟气排放，降低了大气污染，24 小时在线实时监控，做到了“发电不冒烟”，体现了良好的经济和生态效益。

3. 不断延伸煤炭产业链，向延伸循环型转变

大同矿区在经济循环园区的建设过程中，时刻展示着延伸产业链、发挥煤炭主业优势的思想，并不断完善园区“煤—电—热”“煤—化工”和“煤—电—建”3 条循环产业链。通过建设消化煤矿、电厂、化工项目工业废弃物的建材等项目，从生产产品延伸到废弃物的回收处理和再生利用，实现资源消耗的减量化、再利用和资源再生化（杨万立，2010）。园区内建有年产 2.4 亿块煤矸石烧结砖厂和日产 4500 吨新型干法水泥熟料水泥厂，利用废弃的煤矸石、粉煤灰为原料，生产出烧结砖和水泥，在节省了环保处理费用的同时，解决了固体废弃物污染环境的难题。

4. 坚持综合利用煤炭资源，向生态环保型转变

塔山园区以塔山煤矿和同忻煤矿为龙头，配套建设选煤厂，实现动力煤的洁净生产；选煤厂生产的精煤通过铁路专用线装车外运；筛分煤进入坑口电厂，洗中煤、末煤供资源综合利用电厂发电和煤化工项目生产甲醇、活性炭等；电厂余热通过热电联供系统，为棚户区 10 万户职工家属和平旺地区供暖；分选出来的煤矸石输送到煤矸石砖厂；电厂、甲醇厂排出的粉煤灰、脱硫石膏、炉渣作为水泥厂和粉煤灰砖厂的原料；采煤过程中采出的伴生物高岭岩作为高岭土加工厂的原料；煤矿矿井水和园区企业生活污水进入污水处理厂，处理后用于电厂冷却、井下灭尘、煤炭洗选、园区绿化等。各个生产单位首尾相接，环环紧扣，上一个生产单位产生的废料正好是下一个生产单位的原料，逐层减量利用，直至将煤炭资源利用最大

化，园区内基本不产生废弃物。充分发挥污水处理厂效能，完善矿井水、工业废水及生活污水的再利用和综合治理，实现污水100%循环处理。同时，塔山园区以实施大面积、广覆盖、全方位的绿化工程为主线，建设园林式的循环经济园区，形成了“三季有花，四季有绿”的花园式园区（侯全海等，2018）。

（二）煤炭循环利用取得的成效

园区从2007年初步见效到2017年，共创造利润299.43亿元，上缴税费268.96亿元，解决8000余人的就业问题，具有较好的经济效益和社会效益（见表5-1）。

1. 形成了塔山循环经济园区理论体系

塔山循环经济园区将循环经济理论、园区经济理论、规模经济理论融入其中，实现了园区建设高起点起步、高质量推进、高标准运行。

（1）循环经济理论。

塔山园区不仅完全按照循环经济“减量化、再利用、资源化”原则建设，而且还做到了“四个最”，即对地质环境的扰动最少，对矿产资源的开发最优，对资源的综合利用效果最好，对生态环境的影响最小（谷小虎，2011）。

（2）园区经济理论。

塔山循环经济园区在条件优越的区域内，精心营造一个小环境，建成一个相对独立完整的产业群，园区内产业关联优势明显，两条产业链的上下游组合科学、联系紧密、衔接合理；所有项目都采用股份制，资源、人才、技术、管理等要素充分融合，形成了独特的集成创新效应，产生了强大的市场竞争优势。

表5-1　　塔山循环经济园区各项目指标

项目	投资/亿元	投产时间	截至2017年底				
			产出	累计销售收入/亿元	累计利润/亿元	累计上缴税费/亿元	职工数量/人
年产1500万吨塔山煤矿	30.34	2006	22315.6万吨原煤	634	180	176	1693
年产1000万吨同忻煤矿	35.03	2009	12115.83万吨原煤	368.32	89.31	92.71	1196
年产60万吨甲醇	36.23	2014	123.42万吨甲醇	20.59	0.95343	0.294294	609
年产60万吨烯烃	100.9	—	—	—	—	—	20
年产10万吨煤基活性炭	11.99	2014	3.38万吨活性炭	1.115441	−1.01447	0.093269	474
年产1.2万吨乳化炸药、4750万发雷管火工品	3.05	2015	14625万吨乳化炸药、1553万发雷管、281万米导爆索	1.5361	−1.3795	0.09	766
塔山坑口电厂一期2×600MW	51.6	2008	577.92亿度	156.47	18.48	17.41	
塔山2×660MW坑口电厂（二期扩建）低热值煤发电	49.83	2016	59.05亿度	13.8	1.1781	0.2032	388
资源综合利用电厂一期4×50MW	14.55	2006	126.52亿度、供热4078.35万吉焦	40.46	−0.493335	3.11	410
资源综合利用电厂二期2×330MW	34.22	2014	95.19亿度、1173.62万吉焦	25.97	−2.61	0.320089	397
20MW塔山光伏发电站	2.1	2015	5765万kW	0.481159	0.035884	0.018504	13

续表

项目	投资/亿元	投产时间	截至2017年底				
			产出	累计销售收入/亿元	累计利润/亿元	累计上缴税费/亿元	职工数量/人
2300万吨塔山选煤厂	5.2	2014	1.84亿吨	20.38	2.14	1.71	355
1600万吨同忻选煤厂	7.7	2010	1.21亿吨	13.51	2.75	1.98	354
5万吨高岭土加工厂	2.63	2009	37.42万吨高岭土	6.12	—	0.371377	325
2.4亿块煤矸石砖厂	0.9	2009	1.75亿块砖	0.708457	—	0.062163	172
1亿块粉煤灰蒸压砖厂	0.1	2006	1.79亿块标砖、4.5万方砌砖	0.4626	—	89	30
164.3万吨新型干法熟料水泥厂	9.2	2010	811.72万吨水泥、813.7万吨熟料	22.6	0.76	1.96	665
10000 m^3/d塔山污水处理厂	0.4205	2008	1606.45万吨	—	—	—	47
15360 m^3/d同忻污水处理厂	0.1258	2008	1348.23万吨	—	—	—	30
4万m^3/d生活污水处理厂	0.8932	2008	10258.16万吨	0.737026	—	0.181122	108
64.5km铁路专用线	9.8	2006	1.99亿吨	17.18	3.58	0.65438	244

（3）规模经济理论。

塔山循环经济园区 2500 万吨产能的井工矿井，为园区产业链下游建设大型坑口电厂、甲醇等项目提供了足够的原料和燃料供给；同时也产生了大量的煤矸石等废弃物，为产业链下游煤矸石砖厂、高岭岩加工厂等企业的规模生产提供了充足的原料。

2. 构建了塔山循环经济园区模式

塔山循环经济园区是以优化资源配置、提高资源生产率和减少废物排放为目标，以技术创新和制度创新为动力，强化节约资源和保护环境意识（张雅，2012），发挥市场机制作用，促进循环经济发展。按照循环经济理论，采取各种有效措施，以尽可能少的资源消耗和尽可能小的环境代价，取得最大的经济产出和最少的废物排放，实现经济、生态和社会效益相统一（闫思杨，2018）。通过对塔山循环经济园区的进一步研究，大同矿区建立了煤矿循环经济园区产业生态群落各营养级的物料平衡、能量平衡关系，科学实现了“增环补链”，塔山园区由初期“两矿十厂一条路”13 个项目，扩展到“两矿四化五电九厂一条路”21 个项目，承载联动、“煤—电—热”“煤—化工”“煤—电—建”3 条产业链耦合共生的循环经济园区，实现了园区再升级。

塔山循环经济园区内所有工业项目排出的废弃物均被消化在循环链条之内：千万吨级煤矿生产的原煤，经洗煤厂洗选后，其精煤部分通过铁路专用线装车外运，筛分出的低热值煤直接进入坑口电厂和综合利用电厂。电厂排出的粉煤灰、脱硫石膏、炉渣可用作水泥厂的原料。煤矿矿井水和园区企业生活污水进入污水处理厂，处理后用于电厂冷却、井下喷雾、煤炭洗选、园区绿化等。就连在煤炭开采中产生的废弃物——煤矸石，塔山园区也对其进行深加工，或提炼高岭土，或制成烧结砖，解决了煤矸石堆放占地问题（洪浪 b，2017）（见图 5-6）。

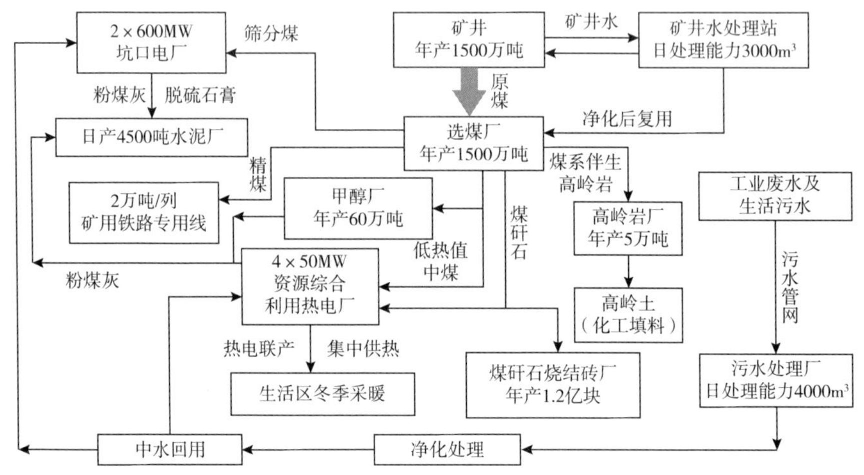

图5-6 塔山循环经济园区模式

园区以生态植被恢复、矸石山治理为重点，以实施大面积、广覆盖、全方位的绿化工程为主线，建设园林式的新矿区。加强防风固沙、水土保持、防洪护矿、绿化美化及周边环境治理的基础性工作，做到挖煤不见煤、利用无污染，彻底改变了传统煤矿的形象。

3. 加速了现代科学技术应用

园区项目立足“高、精、尖”，注重科技成果转化，成为科技集聚、技术孵化的中心，诞生了“特厚煤层大采高综放开采与关键技术”国家科技进步一等奖、“同忻矿井工程”中国建设工程鲁班奖（侯全海，2018）；产业化了井上井下智能化开采一键启动、小煤柱开采、地面垂直钻孔瓦斯抽采等技术。塔山园区的“高科技含量”为“高质量建设”奠定了坚实的基础。

4. 凸显了环境效益、社会效益和经济效益

塔山循环经济园区模式已经成为大同矿区发展循环经济的标志和象征。随着园区的建设发展，园区的环境效益、社会效益和经济效益同步显现，同时产生了巨大的带动示范作用，主要有三点。

（1）塔山模式引领了千万吨矿井集群建设

煤炭带动了非煤，规模实现了跨越，走出了一条老煤矿科学调产、发展循环经济的新型工业化道路。塔山模式的核心是千万吨级煤矿，通过煤炭开采，带动煤炭利用相关产业，从而形成塔山模式。塔山模式的成功示范，确立了大同矿区建设千万吨级矿井集群的方向，为建设大同矿区特色循环经济园区模式提供了条件。2017 年千万吨矿井产量占全矿井煤炭产量的 57%，大幅提升了矿井的集约化生产程度。例如塔山煤矿采用国内外先进装备，并不断研发大采高综采成套技术装备，使得塔山矿全员效率达到 62.5 吨 / 工。塔山煤矿 600 人一年生产 1500 万吨煤，相当于大同矿区口泉沟内 10 个生产矿井 5 万人一年的产量（刘永青，2008）。同时，矿井排水和选煤厂污水经过沉淀处理、净化再利用，实现了水资源的循环利用。在挖 1 吨煤要损失 2.5 吨水的煤炭企业，在人均水资源占有率只有全国平均水平 1/4 的山西省，这一做法的示范意义，大大超过了节约的水费成本（刘永青，2008）。除了煤炭资源，还有伴生着的大量高岭土，大同矿区通过深加工，制造出高岭土系列产品，广泛用于造纸、化妆品、陶瓷、医药等行业。

（2）塔山模式带动了区域经济社会发展

循环经济园区项目延伸和产业链条拉长的辐射作用，给当地经济建设带来了巨大的发展空间。园区工业固废处理、绿化等业务由当地农村承担，有力地推动了当地杨家窑、榆林、窑子坡、赵家小村等农村共同致富。特

别是杨家窑村在塔山相关产业、项目的带动下，解决了农村600余人就业问题。到2017年，全村经济总收入达到了8000万元，经济总产值达到了8亿元，农民人均纯收入达到了4.06万元，一举成为山西省企地共建新农村的示范村——塞北第一村。

（3）塔山模式在国内乃至国际上产生了积极深远的影响

塔山园区的成功实践彻底改变了传统煤矿“黑、脏、乱”的形象，唱响了发展循环经济的主旋律，标志着大同矿区开创了黑色煤炭绿色开采、科学发展的新路，成为拉动煤炭企业大力发展循环经济的巨大动力。

二、其他循环经济园

除了塔山园区外，大同矿区还发展了不少特色园区，主要包括轩岗、东金潘、朔南、铁峰循环经济园区以及1个煤化工循环经济园区和灵丘冶金循环经济园区等。

（一）轩岗“煤—电—建”循环经济园区

轩岗循环经济园区以忻州市原平为中心，辐射宁武、五寨、静乐三县。其以现有资源和产业为依托，以产业结构转型为途径，以增强企业市场竞争力和寻求新经济增长点为目的，通过对轩岗矿区为核心的产业资源优化组合，提高资源综合利用率，实现循环经济发展模式（吴志斌，2013）。

园区通过扩建原有煤矿、新建煤矿、煤炭洗选、电力及建材、环保等举措，提升了其竞争力。以现有煤、电产业为基础，进一步放大和完善煤电产业规模，突破体制机制极限，实现产业耦合，通过建设同华电厂二期工程及电厂煤炭空中输送工程、矿井奥灰水治理工程、粉煤灰建材等项目，并积极开展低浓度瓦斯利用和铝土矿开发利用探索，构建完善“煤—电—建”产业链。该经济园区规划建设 10 个项目，总投资 170.49 亿元，建成后年产值 110 亿元。

园区充分体现煤、电主导产业优势，相对集中安排建材等下游项目，尽快形成产业链集束；完善基础设施建设，达到共享资源的最佳配置和有效利用，使得经济园区成为传统产业优势尽显的示范区域（吴志斌，2013）。

（二）东金潘“煤—电—建—光伏—气化”循环经济园区

东金潘循环经济园区位于山西省大同市左云县东。该园区拟规划 3 个 1000 万吨 / 年矿井、3 个 1000 万吨 / 年选煤厂、2 × 600MW 马道头坑口电厂、40 万立方米 / 年煤制天然气及动力车间、光伏产业项目及 4 × 300MW 自备电厂、矿井水处理厂、煤矸石砖厂、1 亿块 / 年粉煤灰建材厂、难采煤层地下气化等 10 个项目。总投资 613.32 亿元，建成后年产值 560 亿元（同煤 358 亿元）。

园区内煤矿为电厂、建材厂、光伏、气化等提供基础燃料和原料；电厂为煤矿及选煤厂、光伏、建材及工业园区提供电力和蒸汽；电厂生产的粉煤灰等固废用于建材生产。各项目之间相互衔接，在技术、产品、资源上关联耦合，构成以煤炭为基础，以电、硅材料、建材为主产品的联产系统，形成“煤—电—建”“煤—电—化”“煤—电—硅”产业链（吴志斌，2013）。

（三）朔南“煤—电—光伏”循环经济园区

朔南循环经济园区位于山西省朔州市南，地处晋北煤炭基地中东部的朔南矿区内。朔南园区规划建设 1200 万吨 / 年麻家梁矿井及选煤厂、1000

万吨 / 年梵王寺矿井及选煤厂、600 万吨 / 年高庄煤矿、4 × 350MW 坑口电厂、3500 吨 / 天矿井水处理厂、1.2 亿块 / 年煤矸石砖厂、1 亿块 / 年粉煤灰建材厂、外延片 158 万片及管芯 15 亿纸 LED 照明材料厂、200MW/ 年太阳能电池厂、20.1km 铁路专用线等 10 个项目。总投资 234 亿元，建成后年产值 187 亿元。

该园区以煤炭开采为主线发展循环经济，坚持高起点规划、高强度投入、高标准建设，从产业纵向延伸出发，发展煤、电、建产业及 LED、电池等产业，形成“煤—电”和“煤—电—光伏”等产业链，使得该园区成为高新技术产业集聚地，培育高新技术项目的功能区（吴志斌，2013）。

（四）铁峰“煤—电—新能源—种植养殖—物流-现代服务业”循环经济园区

铁峰循环经济园区位于山西省朔州市右玉县境内。园区由 17 个项目构成，总投资 112.58 亿元，建成后年产值 110.5 亿元。其主要由五大板块构成。①煤电一体化板块：由 1000 万吨 / 年铁峰煤业、同生公司 90 万吨 / 年树儿里煤矿、300 万 ~ 500 万吨 / 年新建矿井、京玉电厂二期 2 × 600MW 电力项目以及与煤矿配套的选煤厂、污水处理厂、粉煤灰高值利用等 8 个项目组成，构成“煤—电—化”产业链。②新能源示范板块：有 800 万 ~ 1000 万平方米 / 年锂电池隔膜项目、5000 万安 / 年锂电池项目、30MW 低速风电与锂电储能项目、6MW 分布式发电与智能微网项目 4 个高新技术项目。③特色种植、养殖及加工板块：由特色种植、养殖、农产品加工板块构成“种—养—加”产业链。④物流板块：4000 万吨 / 年 52km 铁峰铁路运输专线，构成输入、输出两大通道。⑤现代服务业板块：发展特色休闲、休闲、培训，构建疗养基地。

（五）煤化工循环经济园区

根据煤炭资源特点，兼顾水资源及环境容量状况，在塔山园现行建设煤基甲醇及延伸链产品，同时在东金潘建立煤制天然气一体化项目，适时开展地下煤炭气化试验示范，努力实现产业化。

园区以60万吨/年甲醇项目为核心，以下游深加工项目为支撑，建设煤化工项目集群。园区规划建设1套煤基烯烃项目、1套煤基天然气项目，形成煤基甲醇240万吨/年产能、聚甲醛24万吨/年产能、烯烃60万吨/年产能、天然气40亿立方米/年产能、煤基活性炭10万吨/年产能。总投资224.84亿元，建成后年产值146亿元。

（六）灵丘冶金循环经济园区

灵丘冶金循环经济园区位于山西省大同市灵丘县。园区占地4500亩，以灵丘储量巨大的铁矿资源、石灰石资源、硅锰合金等稀有金属资源和丰富的水资源为依托，规划建设300万吨/年的钢铁项目，硅锰、金、银、锌等有色金属项目，100万吨/年高细矿渣粉、工业废渣制砖、保温材料等建材项目，以及废旧资源再生利用项目。形成“钢铁—有色—建材”循环产业链。

（七）王坪—小峪“煤—电—建—房地产—加工—现代农业”循环经济园区

王坪—小峪循环经济园区位于山西怀仁县，以“煤电、建筑建材、房地产开发、机械制造加工、现代农业”五大板块共16个项目为主要框架。突出“循环再生”特色的王坪—小峪循环经济工业园区，已经成为大同矿区继塔山工业园区后建成的又一个循环经济工业园区（马玉宝b，2014）。

大同矿区主要循环经济园区汇总见表5-2。各园区根据自身特点，协同优化发展了循环经济模式，取得了较好的效果。

表5-2　　大同矿区主要循环经济园区规划汇总

项目	总投资/万元	规划产值/万元	项目数量/个	产业链构成
塔山循环经济园区	4401200	2354174	21	煤—电—建/煤—化
轩岗循环经济园区	1704900	1100000	10	煤—电—建
东金潘循环经济园区	6133200	5600000	14	煤—电—建/煤—电—化/煤—电—硅
朔南循环经济园区	2340191	1870000	10	煤—电—建/高新
铁峰循环经济园区	1125800	1105000	9	煤—电—运

第四节　煤炭开发与利用协同发展，增强传统产业竞争力

煤炭开发与利用的协同发展，确保了大同矿区 2011 ~ 2018 年的营业收入平稳发展，相比于产业单一的企业在煤炭下行时利润大幅亏损的情况，大同矿区始终保持着盈利状态。这与大同矿区大力发展煤电一体化，建设循环经济园区密不可分，凸显了开发利用协同发展的战略意义。

一、煤电一体化确保了大同矿区在市场低迷时期的盈利能力

煤电一体化是大同矿区煤炭开发与利用协同发展的重要组成部分。煤电一体化确保了处于煤炭低谷、外销疲软时的大同矿区开采出的煤炭得以充分利用，而所属电力企业则可获得相对丰厚的利润，确保了矿区整体的正常运转和有序发展。

大同矿区煤电一体化在煤炭行业低迷期（2011 ~ 2015 年），电力产业营业收入和利润由 2011 年的 478024 万元、29045 万元迅速增加到 2015 年的 924340 万元、119186 万元，2015 年电力产业营业收入相比于 2011 年增加了 93.4%，2015 年的利润额相比于 2011 年增加了 310.3%。2016 ~ 2018 年电力产业受煤炭价格的影响利润下降，但此时煤炭产业的利润有所提升，保证了企业整体的盈利能力（如图 5-7 所示）。

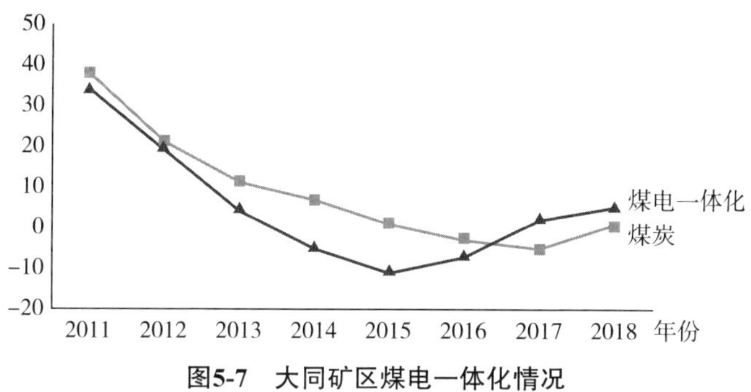

图5-7　大同矿区煤电一体化情况

二、循环经济的发展提升了大同矿区环保和经济效益

循环经济园区集煤炭开发、煤电、煤化工、建材等产业集群于一体，各项目间紧密联结，形成面循环。大同矿区作为园区的建设主体，以可持续发展、循环利用为主，以经济效益为辅，统筹协调、通盘考虑，确保循环经济园区整体具备较好的环保效益和经济效益。同时实现了“煤都黑”到“大同蓝”的转变，为煤炭行业循环经济发展提供了重要参考。

三、煤炭开发与利用协同，开辟了产业发展新方向

在煤炭开发与利用协同的思路下，大同矿区深化煤电一体化发展，向

太阳能等新能源方向发展，截至 2018 年底，电力产业风电、光伏发电等新能源发电项目运行容量 162.5 万千瓦。此外，大同矿区在纵向延伸出新能源相关产业，例如太阳能电池板的研制。而循环经济园区进一步深化了大同矿区煤化工产业发展的深度和广度，为煤化工产业的发展积聚了经验、力量。煤炭开发与利用协同进一步丰富了传统产业的发展方向，为增强、延续传统产业竞争力提供了重要支撑。

（一）向先进装机升级

通过上大压小、淘汰落后机组，建设大容量、高参数火电机组。目前电力总装机达到 1708.5 万千瓦，其中 60 万千瓦及以上机组占火电机组的 46.3%，且电力产业燃煤发电机组全部实现了烟气超低排放。

（二）向新能源发电升级

大同矿区新能源发展从 2012 年 5 万千瓦风电项目起家，到目前建成新能源项目 29 个，装机 162.5 万千瓦（风电装机 30 万千瓦、光伏发电装机 132.5 万千瓦），占总装机容量的 9.5%。2018 年，新能源项目发电量 23.8 亿千瓦时，营业收入达到 11.9 亿元，利润 3.35 亿元，已经成为大同矿区电力产业的重要组成部分。

（三）向新能源制造业升级

大同矿区和大同市、汉能集团共同投资 22 亿元，建设 30 万千瓦铜铟镓硒薄膜太阳能电池生产线项目，实现一代晶硅向二代薄膜电池的革命性变革。2017 年底，50 兆瓦柔性生产线已建成，是国内第一条规模化的柔性薄膜太阳能电池生产线。2018 年二期 10 万千瓦柔性 +15 万千瓦玻璃基生产线开工建设，2019 年 10 月底前全线投产。

表5-3　　煤炭开发与利用协同发展过程中所获奖项

序号	获奖类别	获奖项目名称	获奖年度	等级
1	中国煤炭工业协会科技进步奖	矿区区域电网4GMcLtE无线通信技术的研究与应用	2017	二
2		特厚煤层沿空掘巷千万吨综放面安全保障关键技术研究与应用	2016	一
3		大孔径深孔爆破炮眼快速封孔技术及环保型间隔器的研究	2016	三
4		煤矿开采小区域地质构造探测及协同保障机制研究	2015	二
5		高强度综放工作面地面“L”型钻孔抽采瓦斯技术研究与工程实践	2015	二
6		污泥、粉煤灰替代客土煤矸石山复垦技术研究	2015	三
7		矿井粉煤灰灌浆固化膨胀充填防灭火技术研究	2014	二
8		同煤棚户区绿色迁移与资源回收一体化若干问题研究	2013	二
9		煤矿井下炮眼快速封堵技术及环保型堵塞材料研究	2013	三
10		同煤千万吨级矿井煤的自燃特性及其阻化改性研究	2013	三
11		煤矿火灾、瓦斯重大危险源辨识预警技术研究	2013	三
12		大同矿区高灰细泥煤泥水处理技术研究	2012	二
13		劣质煤电厂高效烟气净化技术	2012	三
14		大同矿区侏罗系近距离多层采空区下防灭火安全开采理论与技术	2011	一
15		大同矿区两硬复杂条件下安全高效开采集成创新技术体系	2011	二
16	中国循环经济协会奖	矿用胶带运行工况红外视觉在线监测系统研究	2017	三
17		矿山设备CST专用润滑油制备技术研究	2017	三
18		变压器智能节电技术研究与应用	2017	三
19		千万吨级矿井生产系统保障集成技术研究与应用	2016	三
20		高强度综放开采低瓦斯含量特厚煤层抽采技术研究	2016	三
21		千万吨级采掘工作面粉尘综合治理技术研究	2015	二
22		选煤厂尾煤水生物与非生物联合絮凝技术研究	2015	二
23		污泥、粉煤灰替代客土煤矸石山复垦技术研究	2015	三

续表

序号	获奖类别	获奖项目名称	获奖年度	等级
24	中国循环经济协会奖	喷射与灌浆混凝土改性材料及装备研究	2015	三
25		煤矿用高分子充填密闭材料制备技术研究	2015	三
26		高压水射流割缝防治冲击地压技术研究与应用	2015	三
27		矿井粉煤灰灌浆固化膨胀充填防灭火技术研究	2014	二
28		大型选煤厂粉尘在线监测与治理技术研究	2014	二
29		高寒地区矿井回风热能井筒防冻技术研究	2014	二
30		洗煤厂大梁监测技术	2014	二
31		污泥资源化、减量化处理与异氧硝化-好氧反硝化微生物脱氮耦合技术研究	2014	二
32		煤矿用高分子化学煤岩加固剂	2013	二
33		大同矿区不同煤种混合入洗动态调控技术研究	2013	二
34		矿井素质及其评价研究	2013	三
35		菌根技术在大同矸石山土地复垦中的应用研究	2013	三
36		利用脱硫石膏替代天然石膏做水泥缓凝剂实现环保和循环经济	2012	二
37		大同矿区塔山循环经济园区污水处理技术研究	2012	二
38		干旱矿区坑口电厂节水节能技术研究与应用	2012	三
39		大同矿区矸石山防灭火技术研究	2012	三
40		千万吨级矿井生产系统保障集成技术研究与应用	2016	三
41		高强度综放开采低瓦斯含量特厚煤层抽采技术研究	2016	三
42		千万吨级采掘工作面粉尘综合治理技术研究	2015	二
43		高压水射流割缝防治冲击地压技术研究与应用	2015	三
44		矿井粉煤灰灌浆固化膨胀充填防灭火技术研究	2014	二

第六章

新兴产业与传统产业协同发展

大同矿区大力发展金融和物贸等新兴产业，促使新兴产业与煤炭、电力、化工等传统产业互为市场、互补发展。一方面，形成了一体化的金融运作平台，盘活了固定资产，破解传统产业建设融资难题，促进了传统产业的良性发展；另一方面，打造产、供、运、销一体化的国际煤炭贸易服务体系，开拓了传统产业的销售市场。

第一节　新兴产业与传统产业协同发展背景

一、协同背景

“十二五”时期，国内外经济周期性波动加剧、突发事件增多，产品价格波动和贸易规则改变，煤炭产能阶段性过剩，行业红利时代将逐步结束。国家推进煤炭安全成本、提高煤矿安全标准、促进节能减排、环境保护等政策的出台，使煤炭企业增支因素不断增多。同时电力企业加快进入煤炭市场，导致煤炭企业面临的市场竞争环境更为严峻。转变经济发展方式、走新型工业化道路是我国煤炭企业的现实选择。

转型发展过程中首当其冲的问题是资金和销售，如何解决资金和销售问题，是确保顺利实施转型发展的关键。在大同矿区转型之初，企业发展遇到的主要问题有以下几个方面。

（一）资金内部融通困难

随着大同矿区的不断发展，以煤炭为单一主业的大同矿区已发展成为以煤炭、电力、煤化工等多业并举的特大型现代能源集团。企业发展壮大伴随着现金流量、货币资金期末余额大规模激增；巨额现金限制与大规模举债并存；余缺资金难在成员单位之间调剂；成员单位的资金流动只能通过银行结算，支付高昂财务费用等财务短板日益凸显（洪浪等 e，2018）。

（二）融资平台利用不充分，集团经营压力大

大同矿区早在 2006 年就拥有自己的上市公司，搭建完成了融资平台，但融资功能发挥不够充分，小而不活。集团发行中票、债票融资能力饱和，缺乏财务公司使得有限的资金无法转资本金。子公司上项目只能向集团借款运行，大集团经营压力大，不堪重负。

（三）煤炭销售和物资采购工作处于被动局面

大同矿区经营平台大，物流业务多、总量大，但贸易物流功能相对较弱，企业需要的采购供应链仍是采购、运输、仓储的简单组合，“肥水流入外人田”，部分内部市场流失，经营总量难以上位，不能满足现代大型能源企业的发展要求。

随着面临问题的不断涌现，大同矿区煤炭、电力等传统产业的发展陷入了瓶颈，大同矿区对新兴产业的发展需求越来越强烈。在发展瓶颈和现实需求的驱动下，大同矿区积极寻找发展机遇，进军新兴产业。同时发展新兴产业也可为大同矿区提供新的经济增长点，进一步落实企业的转型升级。

二、新兴产业与传统产业协同思路

大同矿区作为能源企业，转型发展首先以产业延伸为主，即延伸煤炭产业链，在此基础上，结合自身发展，在金融和物贸两个领域重点布局新兴产业。同时促使新兴产业与煤炭、电力、化工等传统产业互为市场、互补发展，形成良好的协同共促的发展格局。在协同的作用下，新兴产业与传统产业不仅可以满足自身运营所需要的各种资源、资金、市场及信息等，还能实现新兴、传统产业之间的协调运作，增强了信息交流、规模及市场的协同，有力地保证了企业的可持续发展（如图 6–1 所示）。

图6-1　大同矿区新兴产业与传统产业协同总体思路

（一）金融业

在国家创新驱动发展战略的背景下，国家出台了多项持续深化投融资体制改革的政策和措施，旨在激发社会投资的动力和活力。在高度重视资本市场的当今经济环境条件下，参与资本市场、利用金融手段、搞好资本运营，走产融投结合的道路，是大同矿区做大做强的一条途径。通过多渠道地渗透到金融、保险、银行等领域，参股、购买、投资金融产品，建立大同矿区金融平台，一方面可以加大对煤炭开采、利用等传统产业的支撑力度，确保传统产业的良性运转；另一方面传统产业的前期积蓄，也可为金融平台的建立提供资金支持，整体实现“金融疏通血液，产业提供利润”的良性循环。

（二）物流贸易

煤炭资源的自然分布和能源消费的不平衡将决定我国煤炭“北煤南运”“西煤东运”的格局长期存在，也就决定了我国煤炭物流具有广阔的前景。煤炭物流贸易存在于煤炭产品的开发准备、生产和销售活动的整个过程之中，是一个由煤炭的供应物流、生产物流、销售物流、回收物流、废弃物物流构成的物流系统。大同矿区发展物流贸易产业，可以发挥“东临京津、南连豫鲁、西接陕甘、北靠蒙疆”的地理优势，同时也可充分利用自身市场渠道、客户资源和采购规模的竞争优势。

第二节　搭建产融投闭环运作平台

一、产融投结合的概念

产融投结合即产融投一体化，是指工商企业和金融企业通过股权关系相互渗透，形成资本、资金、人事、信息等方面的稳定关系，实现产业资本和金融资本的相互转化和直接融合，最终形成产融投型集团（胡恒松，2013）。产融投结合是社会资源达到最有效配置的客观要求。宏观层面有利于优化国家金融政策的调控效果，微观层面有利于产业资本的快速流动，提高资本配置的效率。

从国际国内经验看，只要风险控制得当，产融投结合是企业实现跨越式发展、迅速做大做强的一个重要途径。据统计，世界 500 强企业中，有 80% 以上都成功地进行了产融投结合，产融投结合已成为不可遏制的世界潮流。

二、产融投结合的意义

（一）产融投结合有助于提高企业投融资效率

首先，产业资本和金融资本的融合增强了资本积累能力，并且产业资本与金融资本的融合发展有助于促进储蓄—投资的转化。其次，通过产融投结合可以将产业资本与金融资本共同置于一个公司控制主体之内，从而实现对金融机构的控制，构成一种包含金融机构的内部资本市场，提高了大同矿区资金的使用效率，有效降低了大同矿区的运营成本（胡祖铨，2017）。

（二）产融投结合可以创造协同价值

通过产业资本与金融资本的融合，增加了大同矿区的收益和资本积累速度，并且能最大限度地利用社会资源，产生跨行业的协同效应。大同矿区通过产融投结合的发展道路，利用自身庞大的资金流延伸企业的价值链，通过生产经营与资本经营两种价值增长方式提高资金的使用效率，从而实现了资金与资本的双向增值，获取产业与金融协同效应，增强竞争优势，创造协同价值（苏云成，2012）。

产融投还可以在资本、人才、技术等方面互有余缺，通过有效的结合，可以使这些要素发挥更大的作用。

（三）大同矿区产融投结合实践——打造六大金融平台

“十二五”以来，大同矿区深化产融投结合，形成了以金融中心党委为主体责任，以财务公司为中心，实现信贷、租赁、担保、资管、投资、票据等多功能互联互通的一体化运作（洪浪等 d，2017）（如图 6–2 所示）。

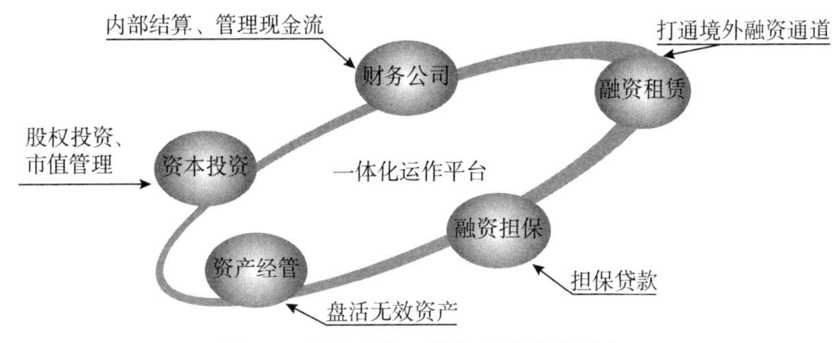

图6-2　大同矿区一体化金融运作平台

1. 设立财务公司

大同矿区于 2011 年 12 月 5 日，成立财务公司筹备处，开始筹备财务公司。2012 年 9 月，按银监会要求设立，建立了有效制衡的法人治理结构，组建了高效、精干的组织机构。经山西银监局验收，2013 年 1 月，财务公司在一年内完成了筹建和开业，创中国财务公司设立时间最短纪录。在开业两年内取得了电票、有价证券投资等全牌照，进入同业拆借市场、银行间市场，并完成增资扩股。2014 年 5 月，成立了融资委员会，融资委员会办公室设在财务公司。大同矿区充分利用财务公司的金融平台，统筹管理筹资活动，拓宽融资渠道，创新金融工具，开创了产融投结合量身定制的新局面。为了防范融资风险，实施了贷前可研、贷中督办、贷后监控的全过程管理。有效应对了大同矿区的债务违约，没有出现现金流断裂，维护了大同矿区的良好信用。

截至 2017 年末，财务公司分别与工行、中行、农行、建行、交行、中信、兴业、邮储、浦发、渤海、民生 11 家银行建立直联（洪浪等 d，2017），开户单位达到 288 家，开户数达到 516 户。

财务公司充分保证了大同矿区现金流的安全、稳定、活跃、高效，是大同矿区金融产业板块的核心，在集团产融投一体化战略实施过程中将发挥领导作用。

2. 设立香港和上海两家融资租赁公司

2013年11月15日，获山西省人民政府国有资产监督管理委员会《关于对大同矿区在香港设立融资租赁公司的批复》；同年12月23日，大同煤矿集团（香港）融资租赁公司在香港注册。2014年3月17日，获山西省商务厅《关于同意大同煤矿集团有限责任公司在香港投资设立公司的批复》；山西省商务厅颁发《企业境外投资证书》。2015年1月5日，大同煤矿集团（香港）融资租赁有限公司返程投资上海自贸区，获《关于同意设立同煤漳泽（上海）融资租赁有限责任公司的批复》；同年1月6日，获《中华人民共和国台港澳侨投资企业批准证书》，境外融资渠道全线贯通。在两年内完成了境外投资并返程投资上海自贸区，创中国返程设立上海自贸区融资租赁公司最短纪录。融资租赁公司成为大同矿区盘活存量资产、打通境外融资通道的重要平台。截至2017年底，漳泽（上海）融资租赁公司经营总资产达到61.17亿元，营业收入达到3.5亿元，实现利润1.56亿元，完成融资23.53亿元（洪浪等e，2018）。

3. 设立融资担保公司

“十二五”期间，随着煤炭价格的下跌，众多煤炭企业陷入了亏损状态，金融机构也收紧了煤炭企业的贷款业务，煤炭企业的发展陷入了艰难困境。为进一步打通贷款业务流程，大同矿区成立融资担保公司的需求十分迫切。

2014年6月，大同矿区收购中国华电山西公司和晋融资担保公司，8月正式运营。2016年6月20日，获得山西省人民政府国有资产监督管理委员会《关于山西和晋融资担保有限公司增资扩股的意见》批复。和晋融资担保公司将注册资本由10亿元增加至26亿元，溢价后，净资产预期将达到34亿元。单笔融资担保规模将达到3.4亿元，总融资担保规模由原来的120亿元增至340亿元（洪浪等e，2018）。

和晋融资担保公司为大同矿区传统产业的贷款业务提供了有效担保。以2016年为例，和晋融资担保公司共为大同矿区17家成员单位贷款业务进行担保，共计42笔，实现融资担保额43.02亿元，在保余额25.73亿元，融资性担保放大倍数为8.33，已接近公司融资担保规模上限。

和晋融资担保公司自成立以来，累计实现融资业务量198.67亿元，累计完成营业收入约21672.16万元，累计实现利润总额约15429.14万元（洪浪等e，2018）。进一步提高了大同矿区的融资担保能力，提升了业务规模和经济效益。

4. 设立资产经营管理公司

为了盘活低效无效资产，2012年11月，大同矿区成立资产经营管理公司，目的是进一步盘活资产、处置无效资产，提高企业效益。资产经营管理公司的有效运行使矿区公司闲置多年的资产得到了合理有效的利用，以2017年为例，资产经营管理公司处置闲置资产113.71万元，共计盘活各类闲置资产15亿元。同时，随着大同矿区新能源项目的不断落成，“碳资产”也将持续稳定增加，资产公司从2016年初积极搜集碳资产行业相关信息，时刻关注碳市场行业发展动态，力争在第一时间抓住机遇，为大同矿区资产盘活工作提供了有力保障。

5. 设立资本投资公司

大同矿区的长期股权投资已超过200亿元，金融资产也超过30亿元，大同矿区已由利润中心转型为投资中心。传统的财务管理已不能满足大同矿区的快速发展，这是大同矿区的短板。为此，大同矿区的财务管理进行了“一分为三”的改革，财务部以会计核算和成本管理为中心，管会计必须管成本，会计核算要集中，成本管理要分解；财务公司以资金管理和融资管理为中心，管资金必须管融资，资金管理要集中，融资管理要统筹；资本投资公司以资本运营和市值管理为中心，管资本必须管市值，对接资本市场，在配合融资的同时，从资本市场拿钱拿利润。在此背景下，大同矿区积极谋求资本投资公司成立的步伐。

2016 年 4 月 11 日，大同矿区党政联席会议研究决定，成立同煤大友资本投资有限公司。7 月 6 日，获得山西省人民政府国有资产监督管理委员会《关于设立同煤大友资本投资有限公司的批复》。7 月 21 日取得工商注册登记，具备开业条件。大友资本投资有限公司是大同矿区的资本运营平台和市值管理平台。

（四）产融投结合效果

大同矿区突破了传统产融结合理论，构建了老矿区“产—融—投”一体化平台，提出了多牌照金融业务组合的方法论，建立了各业态之间“产融互动”“融投互动”“投产互动”的协同机制，形成了“由产到融、由融到产”的闭环运作，不仅保证了发展项目的资金投入，也保证了资金链不断（如图 6–3 所示）。

金融产业成为企业发展的又一个支撑。并且产融投结合一体化，为实现资金的统一结算、统一运作、统一管理和风险控制搭建了新的平台，并产生了较好的经济效益。2017 年，金融产业实现营业收入 11.9 亿元，利润 6.8 亿元，节约财务费用 9 亿元，盘活闲置资产 15 亿元。下面以财务公司经营情况为例对大同矿区产融投效果进行说明。

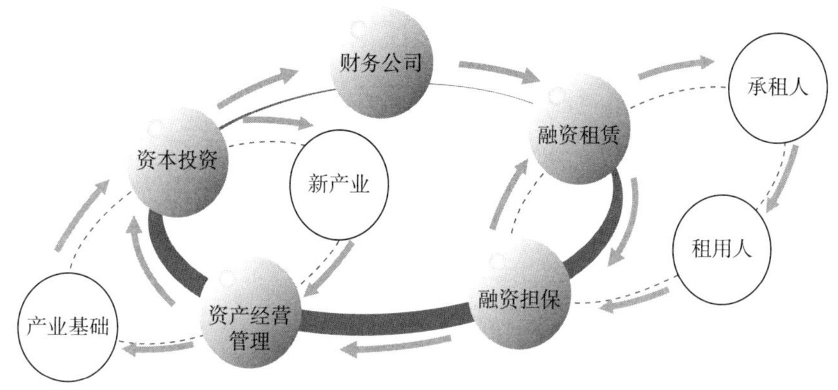

图6-3　产融投闭环运作示意

①财务公司成立以来，营业收入累计完成 33.4 亿元，利润总额累计突破 22.91 亿元，节约财务费用累计完成 40.3 亿元。

② 2017 年全年吸收存款达到 145.98 亿元；发放自营贷款 166 笔，302.97 亿元，余额 149.44 亿元；发放委托贷款 50 亿元，金额 55.39 亿元，余额 46.65 亿元，签发承兑汇票 60 笔，金额 35.65 亿元，余额 30.96 亿元。有力地支持了大同矿区的转型发展。

第三节　建设多点多极智慧物流体系

一、大同矿区发展壮大物流贸易的条件

（一）大同矿区具有得天独厚的资源禀赋

大同矿区煤炭地质储量丰富，达 320.4 亿吨，是全国最大的动力煤生产企业之一。现开采的侏罗系煤炭资源以低灰、低硫、高热量、质量稳定

享誉海内外，素有“工业味精”之称。

（二）运输销售力量强大

大同矿区大同煤运有限公司、朔州煤运有限公司、忻州煤运有限公司、朔州矿业销售公司四个煤运公司和铁路公司，负责大同煤矿集团和大同煤业股份公司生产的煤炭及大同、朔州、忻州三个地市煤炭的铁路运输、煤炭销售和煤炭出口工作。通过优化煤制结构和多渠道配煤销售，有力支撑了大同矿区的煤炭运销工作。

（三）初步形成了内部市场化的物流贸易运作系统

大同矿区地处晋、陕、蒙、冀交汇地，战略地位重要，区位、交通、产业集群优势突出。同时，通过仓储、采购分公司近 4 万平方米的材料总库平台，对材料设备进行集中采购、验收、保管、发放使用，初步形成了较为完整的内部市场化物流贸易闭合运作系统。

（四）与港口、船运行业有长期合作关系

以煤业股份公司为平台成立的国际贸易公司，利用与秦发集团的码头合作，扩大港口贸易量。在实体贸易方面，集团同广州建盛达公司、镇江港务局和扬州海昌码头建立起长期的港口船运合作关系，为做实物贸奠定了坚实的基础。

（五）有良好的外贸基础

大同矿区外经贸公司为集团全资子公司，主要业务为进出口贸易、国际工程、招标代理、国内贸易等，负责大同矿区所有非煤进出口、煤炭进口国际工程、对外投融资等工作，是大同矿区外向型经济、跨国经营窗口

的经营主体，更是做强大同矿区“大物流”和做实贸易战略的主力军。与国内及美国、德国、英国、澳大利亚、西班牙、荷兰等众多知名大企业建立了长期友好的经贸合作关系。

二、建设多点多极智慧物流体系

大同矿区作为煤炭、电力为主，煤化工、装备制造等多产业并举的特大型综合能源集团，积极构建物流贸易“大商圈”（洪浪等 d，2017）。一是全力搞好内贸整合，以仓储、采购分公司为平台，通过优先内部企业、做好内部市场的销售工作，利用好外部采购的有利条件。二是以物联网、大数据等先进信息技术为基础，建设智慧型平台物流。三是大力拓展外贸业务，以外经贸公司、运销总公司、股份公司、仓储和采购分公司为主体，构建大同矿区贸易“大商圈”。通过内外结合、技术与服务结合，努力形成珠三角、长三角等多个物流点，线上、线下，货物代理、第三方物流等多极物流业务的多点多极智慧物流体系（如图 6–4 所示）。

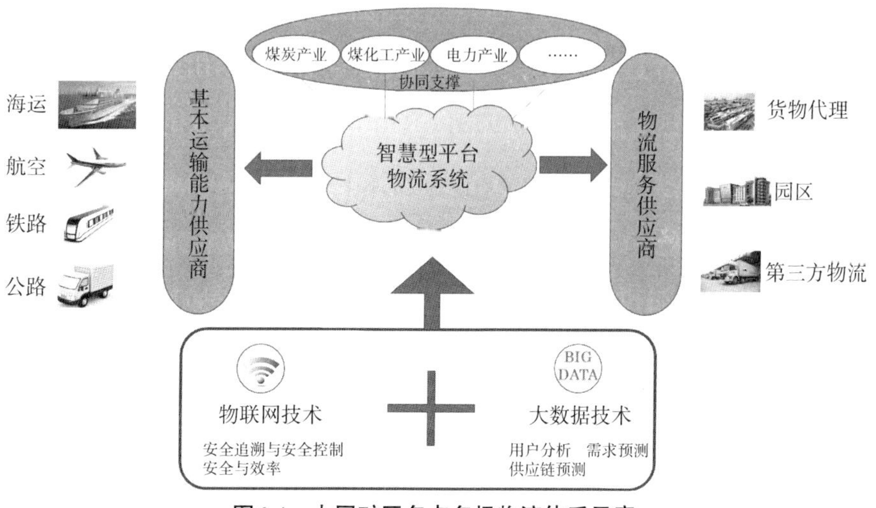

图6-4 大同矿区多点多极物流体系示意

（一）延伸贸易链，做实物贸产业

1. 期现结合，开展经营创新

以上海子公司为主，充分利用和发挥上海的国际金融和贸易中心以及上海自贸区的优势，逐步将大宗商品贸易做大，利用上海的金融中心地位，积极开展期货和现货结合、现货和金融结合、金融和期货结合等经营创新。

2. 线上线下结合，扩展企业发展渠道

以同华祥公司为平台，发挥渠道优势，打造电子商务贸易。结合当前国内外贸易形势，大同矿区采取线上贸易与线下贸易相结合的全新贸易模式，以同华祥公司为平台积极开展进出口贸易、电子商务平台销售等业务，努力推进新项目的各项工作，为大同矿区新业务顺利开展不断尝试和改进。

积极打造进口商品电商平台。以国外厂商的中国代理模式，向国内经销商进行销售，逐步扩大知名度和规模。线上产品以生活用品和快销品为主；线下销售产品以厨具、进口汽车配件为主，销售主要覆盖晋北及周边市场。

3. 广泛合作，打造物贸综合运转平台

以公用型保税仓库为基础，充分融入大同国际陆港园区，利用大同矿区的品牌优势、运营优势、区位优势等，加快保税仓库产品的储备步伐。按照设施现代化、硬件智能化、管理信息化的要求，逐步建设集运输配送、现代仓储、物流信息、集装箱业务、多式联运等于一体的综合性平台。

（二）建设“大销售”体系

强大的煤炭主业是发展物流产业的前提；丰富的仓储、运输等物流资源和巨大的供应及产品物流需求是发展物流产业的基础；相对完善的运营体系和具有市场经验的人才队伍是发挥物流产业的保障；广泛的上下游客户关系和较强的区域影响力是发展物流产业的潜在市场空间（李敏，2008）。鉴于此，大同矿区面对市场的持续下行，提出了“库存前移、多港开发、全面销售”的煤炭销售精神，以“大市场”缓解上游秦皇岛港存压力；以“广流通”辐射销售，进一步把贸易做实；以“多模式”寻求与用户合作的切入点。

1. 贴近市场，销售前移

大同矿区将煤炭销售地点前移至秦皇岛港口，并组建“五人价格决策小组”，全天候盯在销售一线，及时跟进市场变化，灵活快速决策；成立了华东、华南等 9 个区域性销售分公司，销售人员驻厂盯运力、盯装船、盯用户、盯回款。

2. 以市场为导向，灵活销售策略

以“海进江”为例，延深了销售领域。开辟了广州港、镇江港、江都港三个中转销售储备基地，拓展了长江中下游市场。

3. 推行销售承包机制

实行量、价、回款与运销系统各级人员工资挂钩考核，既调动了销售人员的积极性，也有效保证了煤炭销量，实现了保回款、保工资。

三、打造产、供、运、销一体化的国际煤炭贸易服务体系

（一）以大同矿区本部为主体，构建上海、珠海为两翼的贸易战略格局

在珠海横琴新区和上海自贸区成立了两个贸易公司，其中珠海公司领取的是全国第一张商事改革后的营业执照，形成了珠海煤炭、上海金属、本部矿石“相辅相成”的业务布局。

（二）打造“四大业务板块，五大区域中心”的产业格局

以全面打造五大区域布局（上海公司、北京项目部、欧洲办事处、珠三角项目部、德国项目部）为突破口，与中铁集团、中钢集团等众多“中”字头、“国”字头大型企业建立了友好的合作关系，上下游合作用户达到了 210 多家企业，业务区域范围辐射全国 20 多个省市，业务范围、业务量和效益增长点逐步增加。

以全面构建四大业务板块（金属板块、矿石板块、煤炭板块、生产生活物资板块）为基础，丰富公司的经营范围，增加了抵御市场风险的能力，增加了效益增长点。①与山煤国际能源集团、山西物产集团、上海云峰集团等开展了成熟的煤炭、焦炭贸易板块；②与中铁物资集团、唐山东诚公司、太钢集团等开展了以铁矿砂、硅锰合金、钢材为主的矿石原料板块，并建立了稳定供应关系；③利用上海、无锡两地为贵重、黑色金属商品销售集散地的优势，建立了稳定的铜、铝等有色金属业务板块；④通过进口以奶粉、红酒为主的高端生活消费品进入北京、上海等高端市场，建立了稳定的产

运销贸易链条，构筑了新的贸易增长点。

（三）利用长三角金融中心和自贸区优势，开展跨境、转口和租赁贸易

充分利用上海自贸区子公司的区位优势，利用辖内银行的结售汇消头寸限制、人民币自由兑换、利率市场化等有利因素，迅速做大跨境贸易、转口贸易和租赁贸易。

（四）“物贸做实”的成效

做实物贸产业是大同矿区顺应外部环境变化，在企业战略指引下，集中优势资源打造能够实现企业价值和客户价值的行动方针。做实物贸产业，为大同矿区带来了显著的经济效益和良好的社会效益。

物贸产业通过不断发展壮大，形成了“构建四大业务板块，发展五大区域中心”的产业格局，产业规模和优势不断扩张，实现了跨越式高速、科学发展。同时，大同矿区狠抓贸易拓展、设备进出口以及对外劳务工程等工作，不断深化战略合作，扩大市场优势，推进物贸做实，实现了规模化科学发展。

“十二五”期间，物贸产业进出口设备累计进口额 73703.93 万美元，进口配件累计进口额 7192.33 万美元，合计 80896.26 万美元；进出口设备累计免税金额 567.9 万元人民币。大同矿区与国内众多知名大型企业建立了长期友好的经贸合作关系，在国内外市场树立了良好的企业形象和商业信誉。公司多次被山西省人民政府授予商贸先进企业，被大同市人民政府授予外经贸先进企业等。

第四节　新兴产业与传统产业协同做强主业

产融投结合和现代物流是大型能源企业健康成长的核心动力，也是现代企业的核心竞争力之一（李霞，2015）。

一、金融产业的健康有序发展，推动了传统产业发展

大同矿区成功打造了一体化的金融运作平台，从最初只发行债券的简单融资方式，逐步发展成为以财务公司为核心，香港融资租赁公司、上海融资租赁公司、大友投资公司、和晋担保公司、资产经营公司六个平台一体化发展（洪浪，2016），同时积极向银行、保险领域拓展业务，产融投一体化逐步向“6+2”金融平台（即 6 家金融公司 + 大同煤业、漳泽电力 2 个上市平台）、资本、债券、股权等多样化的资本运作模式进军。

一方面，金融产业结合集团实际需求，通过加强资金管理，灵活运用股权融资、公司债等多种融资方式，为大同矿区内部成员单位开展融资担保、贷款、租赁、增信、承销债券等综合金融服务，最大限度为集团业务拓展提供资金支持，破解传统产业建设融资难题。在金融产业的强力支持下，大同矿区相继建成 7 座千万吨级煤矿、14 个电厂，以及 60 万吨甲醇、10 万吨活性碳等传统产业项目，提升了盈利能力（洪浪等 d，2017）。大同矿区将这些项目作为融资基础再融资，盘活固定资产，促进了传统产业的良性发展。

另一方面，面对传统产业越来越大的债务风险，同煤金融产业统筹管理大同矿区的筹资活动，实行贷前研究、贷中督办、贷后监控全过程管理，保障了企业资金流稳定。2016 年上半年，在直接融资叫停的情况下，大同矿区通过金融手段，净归还金融机构 178 亿元，有效化解了企业的债务违

约风险，维护了良好信用（洪浪等 d，2017）。

二、物贸产业科学合理布局，开拓了传统产业的销售市场

大同矿区以煤炭物流为核心，坚持物流和贸易并举，大力发展物流贸易产业，做大市场、做出效益。大同矿区物贸产业突出市场联通，构建营销为主、贸易为柱、物流为链的物贸板块商贸联动增长极，充分利用自有的 600 多公里铁路资产和参股合作的大秦铁路、秦皇岛港，形成了辐射全国的物流网络（洪浪 c，2016）。同时以股权参股为通道，以通道连接市场，全力构建煤电路港航的物流板块格局；加快形成“物资—产品—消费市场”一条龙式的物流贸易服务体系和大物流产业格局，物贸产业的快速发展开拓了传统产业产品的销售市场，增加了煤炭销量（2017 年物贸产业完成 4500 万吨煤炭销售，占大同矿区煤炭销售量的 30% 左右），扩大了经营领域，提高了企业效益，成为大同矿区新的增收源，有力助推了传统产业的发展。

三、传统产业为新兴产业提供了重要支撑

大同矿区的新兴产业正处于产业生命周期的萌芽期，长期、大量的资金和人员投入是其成长发育的重要条件。而煤炭、电力等传统产业是大同矿区的主导产业，已创造了大量的利润，积累了雄厚的资金和人才队伍，这恰好一定程度上解决了新兴产业发展所面对的资金和人才问题。大同矿区充分利用传统产业资金、人才优势，不断向新兴产业输送资金、人员。以金融产业为例，金融产业公司注册资金的 30% 来自传统产业；金融产业管理人员中，80% 的高层员工、90% 的中层员工都来自传统产业。可以说，传统产业为新兴产业的不断成长、壮大提供了重要支撑。

第七章

环境与经济协同发展

大同矿区坚持把生态文明建设和环境保护摆在重要的战略位置，积极迎接新挑战，坚定不移地推进矿区生态文明建设。生态环境既为经济发展提供了自然资源和物质基础，又提升了大同矿区的品牌价值，经济、环境相互支撑，形成了环境与经济协同发展的格局。

第一节　环境与经济协同背景

一、协同背景

发展是时代的永恒主题，但如何协调环境与经济的关系又是时代的难题。面对矿区快速发展带来的日益严重的资源环境危机，大同矿区深刻反思传统的发展理念、发展模式和发展路径，试图寻找一条环境与经济协调共赢的绿色发展路径。

（一）节能环保产业

节能环保产业是一个应时代需求而生的产业，几乎渗透于经济活动的所有领域，它以有效缓解我国经济社会发展所面临的资源、环境瓶颈制约为目标，力促产业结构升级和经济发展方式转变。大力做好环境治理是大同矿区坚持可持续发展的重要举措，也是大同矿区坚持以人为本的民心工程。

（二）旅游产业

大同矿区经过近70年的煤炭资源开采，部分煤矿已进入资源枯竭、关闭退出阶段，而大量的工作人员面临下岗，当地经济势必受到一定影响，甚至影响局部地区稳定，矿井的可持续发展成为大同矿区亟须解决的问题。针对这些问题，大同矿区结合当地的自然文化景观，积极改造资源枯竭矿井，发展旅游产业，最大限度地发挥与煤炭主业相关产业的剩余价值，同时解决部分员工的就业问题。以毗邻世界文化遗产云冈石窟的晋华宫煤矿为例，大同矿区选择发展文化旅游产业，建设矿山公园作为晋华宫煤矿进一步发展的方向。建设矿山公园不仅可以恢复矿山生态环境、保护矿业遗迹和地质遗迹，更能够促进枯竭型矿山经济转型和发挥旅游经济效益（李宏彦，2010）。

二、环境与经济协同思路

从经济学的角度讲，主导产业是资源与要素最佳配置的集中体现，从产业本身来看是动态的、综合优势的反映。主导产业通过与相关产业的关联来组织、带动其他产业发展。与主导产业配套的辅助关联产业的选择，既受主导产业发展方向的直接制约和影响，也是主导产业得以健康发展的必要条件。辅助关联产业的功能，是为主导产业提供全面的、系统的配套服务（伍青等，2007）。大同矿区以节能环保产业和旅游产业等辅业为支点，加强主业支撑力度，提升品牌价值和影响力（如图7-1所示）。

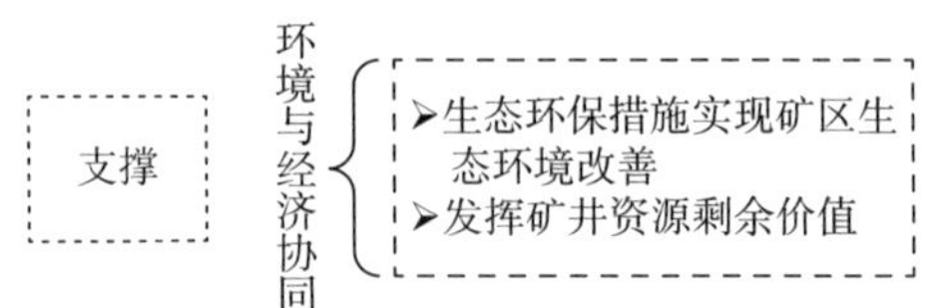

·加强产业支撑力度，提升同煤品牌价值和影响力

图7-1　大同矿区环境与经济协同总体思路

（一）节能环保产业

大同矿区大力推进节能环保产业的发展，实施大气、水、土壤三大污染防治行动计划，使矿区的天更蓝、水更青、地更绿。同时，力主推动工业化环境到生态化环境的成功转型，把生态优势变成了经济优势，真正实现了“绿水青山可以源源不断地带来金山银山,绿水青山本身就是金山银山”。大同矿区环境治理与经济发展相结合的新突破，为煤炭企业绿色发展总结了宝贵的经验，树立了“典范”，不但很好地见证了现代工业文明的发展历史，而且对于改善矿区环境、创造经济价值、造福子孙后代具有深远的意义。

（二）文化旅游产业

矿业开采作为人类最早从事的生产劳动之一，其发展对人类社会文明的发展与进步产生了无可替代的促进作用。人类开发利用矿产资源形成的遗迹，不仅展现着独特的地质风貌，更承载着人类认识自然、利用自然和改造自然的历史过程，具有巨大的价值，是重要的自然和文化遗产（李宏彦，2010）。矿产资源为国民经济和社会发展提供了物质基础，是人类社会可持续发展的重要保障。然而受化石能源的不可再生特点限制，随着矿产资源的不断开采，矿井资源趋向枯竭甚至关闭退出，大量土地资源被闲置，大量职工面临失业风险，不利于地区稳定发展。

随着山西省提出“把文化旅游业培育成山西省战略性支柱产业”，

《山西省文化旅游产业三年行动计划》指出，山西将以“旅游+”为抓手，推动文化旅游业与相关产业融合发展。着力抓好“旅游+文化”“旅游+互联网”“旅游+金融”“旅游+工业”“旅游+农业”“旅游+体育”“旅游+休闲度假”“旅游+健康养生”“旅游+新型养老”“旅游+生态”“旅游+交通”等。重点深化文化与旅游结合，利用旅游平台，加强传统文化的活化展示，把文化资源转化为旅游产品（栗美霞，2016）。大同矿区抓住地方政府发展文化旅游产业的机遇，结合自身优势，大力开发文化旅游产业。

大同矿区文化旅游产业以矿山遗迹景观为主体，建设矿山公园（图7–2），充分利用各种自然和人文旅游资源，同时结合云冈石窟旅游资源进行互补性的景观旅游开发，为人们提供旅游观光、休闲度假、文化娱乐和科学教育等方面的服务。公园以资源的可持续利用、环境的可持续发展为基础，主打煤矿井下旅游、矿区遗址再造及具有鲜明特色的矿业景观，集工业观光、科普教育、矿区风俗展示、特种生活体验、文化休闲于一体的综合性矿区旅游（张俊玲等，2014）（图7–3）。矿山公园的开发不仅充分发挥了矿井资源的剩余价值，而且极大地缓解了大量职工就业问题，同时向外界宣传煤炭企业文化，彰显大同矿区品牌。品牌为大同矿区转型过程中发展的相关产业迅速占领市场提供了重要的保障。

图7-2　国家矿山公园全景

图7-3　矿山公园“井下探秘游”

第二节　构筑环境治理系列技术体系

大同矿区以电力环保科技公司为基础，整合全集团环保资源，先后攻克了基于吸收式热泵的乏汽余热回收技术、新型粉煤灰复合材料注浆、分层覆土等工程修复技术，形成了环境治理系列技术体系，打造了施工设计、装备制造、工程运维“三位一体”的环保产业综合体。

一、大气污染治理方面

（一）攻克了基于吸收式热泵的乏汽余热回收技术

构建了抽汽与乏汽余热联合集中供热系统，供热能力增加 70%，建成同达热电资源综合利用热电厂，实现集中供热面积 2450 万平方米，共关停平旺地区燃煤采暖锅炉 371 台，每年可实现二氧化硫减排量 6814 吨，烟尘减排量 3362 吨，氮氧化物减排量 3812 吨。先后完成了同达热电向平旺地区二期供热改造、煤峪口矿锅炉升级改造、忻州窑矿锅炉升级改造项目，累计淘汰污染大、能耗高的燃煤锅炉 48 台 354 蒸吨，实现了平旺地区集中供暖和全面淘汰燃煤小锅炉两大目标。推动了“煤都黑”向“大同蓝”转变。

（二）锅炉特别排放限值改造工程

对 30 万千瓦以上的燃煤发电机组全部完成了超低排放改造并投入运行，采用先进的脱硫脱硝技术，改造后烟尘排放量减少了 1030.6 吨，同比降低 64.9%；二氧化硫排放量减少了 5533.7 吨，同比降低 58.8%；氮氧化物排放量减少了 4315.1 吨，同比降低 61.2%。2018 年，对 104 台 992 蒸吨在用燃煤锅炉脱硫除尘设施进行提标改造，外排烟气达到了特别排放限值标准，矿区空气环境质量明显改善。

（三）空压机余热利用工程

建设空压机余热利用项目，利用空压机的废弃余热进行二次回收，产生热水，替换了 14 台 62 蒸吨燃煤小锅炉，无污染，无运行费用，大大减少了污染物排放量，真正实现了节能降耗。

二、水污染治理方面

（一）生活污水处理厂建设及保温提效工程

建设生活污水处理厂及污水收集管网，采用 A2O+BAF 等组合工艺对生活污水进行深度处理，提升了污水处理系统稳定运行水平，排放指标达到城镇污水排放一级 A 类标准值。

（二）矿井水治理及回用工程

建设永定庄矿井水处理厂、同忻矿井水回用管网工程等 17 个项目，新增矿井水处理能力 5.9 万吨 / 日，中水回用能力 1.6 万吨 / 日，矿井水收集管网 14 千米，为大同市水环境质量改善作出了突出贡献。

三、矸石污染治理方面

攻克了新型粉煤灰复合材料注浆、分层覆土等工程修复技术，研发了植生袋防渗漏、菌根复垦等植物修复技术，形成了矸石山治理系列技术体系，有效解决了矸石山治理难题。

矸石场恢复治理是矿区绿色发展的一项重要工作，大同矿区在治理过程中以“重塑地貌、再造土体、恢复植被、建设园林”为目标，采用新型防灭火技术、固硫菌根种植技术、固废粉煤灰和脱水污泥有机混合替代客土技术及植生袋种植技术等，进行生态恢复治理和植被种植，形成了“乔灌结合、花草补位、色带搭配、四季成景”的美丽景象，先后建成多座园林化示范矿山。形成了“春有绿、夏有花、秋有果、冬有青”的田园景象，全力消除山头上的“黑斑”，使矿区的“地更绿”，进一步美化矿山。

同时，大同矿区以企业技术创新发展为着力点，围绕解决工业固废污染影响企业提质增效的难题，进一步实施科技攻关，加大煤矸石等煤炭开采伴生资源的综合利用技术研发力度，变废为宝，努力提高煤炭产业附加值。树立全新资源观，促进资源利用方式的转变。大力推进国家、省级循环化改造示范园区建设，对塔山园区实行了升级，构建了“煤—电—热”“煤—化工”“煤—电—建”三条耦合共生、协同运营的产业链条，实现了“黑色煤炭、绿色开采；有限资源、无限利用；高碳产业、低碳技术”的目标。同时，通过建设大唐热电、同达热电、塔电二期、低热值煤电厂、同塔煤矸石砖厂、金宇高岭土厂、新友粉煤灰砖厂、干法水泥熟料生产线、粉煤灰无机填充材料生产线等煤矸石、粉煤灰综合利用项目，大幅提升了煤矸石和粉煤灰综合利用率。

第三节　创建矿园一体、文旅结合的矿井再利用新模式

大同矿区根据企业的发展战略和市场需求，先行先试，深挖文化产业潜质，整合重组文化资源，以“发展同煤文化产业，助力企业转型升级”为目标，依托关闭老矿井，基于生态学—景观学—经济学—工程学理论，研发废弃矿井景观开发利用技术体系，开发亚洲首个井下探秘游项目，形成了“矿园一体，文化+产业融合发展”的矿井再利用新模式。

一、合理开发，可持续性发展

矿业公园推行自然化、乡土化、生态化以及人文化于一体的建设方式，采用环境更新、生态恢复和文化重现等手段，达到矿山遗迹保护、生态效益、经济效益和社会效益的有机统一，实现旅游的可持续发展（张俊玲等，2014）。

大同矿区借助建企多年积累起的深厚煤文化底蕴，借助与著名的云冈

石窟一河之隔，形成交相呼应之势，瞄准了大同市大力发展旅游业的良好势头与云冈石窟这一举世闻名的旅游景观相毗邻地理和区位优势，针对人们对煤矿及地下采煤工作的好奇心，整合“煤都井下探秘游”、“安全事故教育馆”、二战遗址“万人坑”、“塔山循环经济园区”等珍贵旅游资源（李宏彦，2010），精心设计和开发了“矿井探秘游”工业旅游项目，率先在国内开通了首条煤矿特色旅游线。投资3.4亿元，开工建设了集工业观光、科普教育、矿区风俗展示、特种生活体验、文化休闲等于一体的晋华宫国家矿山公园（张俊玲等，2014）。主要景区建设在地下300米处、距今1.4亿年之久的侏罗纪煤系。景点依次分布有原始采煤、炮采、普采、高档普采、综采和综合掘进六个工作面，工作面全部采用实际生产中使用的工具、设备，通过现场演示，真实地再现不同采煤时期不同设备的采煤过程，使游客更直观地了解各个时期的采煤方法、过程及煤炭开采发展史（李宏彦，2010）。

二、挖掘文化内涵，提升公园旅游竞争力

2012年9月7日晋华宫矿山公司正式揭牌开园后，充分利用矿山公园本身的矿业文化积淀以及云冈石窟的佛文化传统，打造具有特色的文化旅游项目，例如煤矿旅游节以及结合佛文化与煤文化的旅游项目等，塑造具有鲜明文化的主题形象，营造独特的环境氛围，提升市场竞争力（张俊玲等，2014）。晋华宫矿山公园的规划设计强调了矿山公园的开发和矿山生态环境的保护相结合，矿山公园内矿业遗迹的保护和矿山企业经济的发展相结合，矿业遗迹的保护和当地历史文化研究相结合（李宏彦，2010）。以工业遗址景观建设和生态环境治理为核心内容，以坚持旅游体验、文化展示及科普教育相结合的原则，立足保护矿业遗迹景观，以开

展矿山旅游促进地区经济发展为宗旨，坚持环境效益、社会效益和经济效益相协调的指导思想，凸显了以云冈石窟为代表的“佛教文化”到晋华宫为代表的“煤文化”间的精神延续（李利香，2014），形成展示云冈石窟“佛教文化”和国家矿山公园“煤文化”两张“名片”珠联璧合的效果，成为大同地区文化旅游和生态示范工程，也成为具有全国影响、大同矿区特色的文化旅游品牌（李宏彦，2010）（见图 7–4）。

图7-4　国家矿山公园“煤文化”名片

三、研发废弃矿井景观开发利用系列技术

在矿山公园的建设过程中，大同矿区先试先行，研发攻克了废弃矿井景观开发利用系列技术。

一是煤矿矸石山的治理技术：现矿山公园是在晋华宫煤矿原来的矸石山上修建，涉及矸石山的防自燃、黄土覆盖、植被恢复等技术。

二是矿山公园、井下探密设计技术：技术要求展示煤炭演变的历史、煤炭开采的过程、煤炭在人类前进过程中所起的重要作用。

三是矿山井下地质环境治理恢复技术：将原废弃矿井中的巷道、开采工作面顶板等进行系统性探测、分析，提出合理防治水、火、瓦斯等灾害的技术措施，建立通风、供电系统等。

第四节　环境与经济协同提升品牌影响力

环境与经济协同是大同矿区调整产业结构多元转型的探索，良好的生态环境为经济发展奠定了基础，也提升了大同矿区的品牌影响力。

一、实施污染防治行动，提升矿区生态环境

大同矿区通过节能环保产业的快速发展，实现了工业化环境到生态化环境的成功转型，把生态优势变成了经济优势，对于改善矿区环境、创造经济价值、造福子孙后代具有深远的意义。①攻克了基于吸收式热泵的乏汽余热回收技术，构建了抽汽与乏汽余热联合集中供热系统，供热能力增加 70%，实现 2627 万平方米集中供热，替代了 2600 蒸吨燃煤锅炉，推动了“煤都黑”向“大同蓝”转变。②攻克了新型粉煤灰复合材料注浆、分层覆土等工程修复技术，研发了植生袋防渗漏、菌根复垦等植物修复技术，形成了矸石山治理系列技术体系，有效解决了矸石山治理难题（如图 7–5 所示）。

图7-5　大同矿区矸石山治理效果示意

二、建设国家矿山公园，实现矿井可持续发展

国家矿山公园的建设，加强了矿区生态环境整治，扩大了晋华宫矿区的公共绿化面积，改变了矿区绿化生态质量差的局面，恢复了矿区碧水蓝天，建设成了花园式矿山，按照“边生产、边建设、边复垦”的矿山治理原则，大力开展“重塑地貌、再造土体、恢复植被”工作，总绿化面积达到50万平方米，基本上达到了“点上成景、线上成荫、面上成林”，矿山公园建设成了与周围环境和谐的景观浏览基地，有效地控制了生态环境进一步恶化（李利香，2014）。

同时，矿山公园的建设是大同矿区探索可持续发展的一条新路径，向文化旅游产业转型，借力云冈石窟的文化知名度，联结两处文化景点，实施景区一票制，形成文化旅游统一体，利用云冈石窟优势和特色发展大同矿区工业文化旅游，与大同市政府实现合作共赢，实现了云冈石窟“佛教文化”和国家矿山公园“煤文化”两张旅游文化名片的对接（李利香，2014）。发展文化旅游产业为大同矿区带来了一定的经济收益：2017年，矿山公园累计接待游客6239人次，门票收入27万元；同时，也带来了极大的社会效益，创造了新的就业机会，增加了地方经济收入和国家税收；极大地辐射和带动了周边地区配套产业的发展（李利香，2014）。此外，大同矿区以矿山公园建设为契机，发展相关的旅游产业，为进一步完善产业多元化、发展可持续化奠定了基础。这是大同矿区改革转型、涉足文化产业的有益探索与尝试，同时也为大同矿区文化产业进一步发展奠定了良好基础，提供了宝贵经验（见表7-1）。

表7-1　　环境与经济协同发展过程中所获奖项

序号	获奖类别	获奖项目名称	获奖年度	等级
1	中国煤炭工业协会科技进步奖	千万吨级综放工作面智能控制关键技术及示范工程	2017	一
2		禾草沟煤矿顺槽复合顶板预裂卸压围岩变形控制技术研究	2017	二
3		MG900/2360-WD型采煤机国产化关键技术研究与应用	2017	三
4		基于TD-LTE的无线智能高容错4G通信系统及网络平台的技术研究	2016	三
5		井下无轨胶轮车辅助运输安全高效综合管理系统研究	2016	三
6		主要大巷和辅助巷道粉尘监测及综合防尘系统研究	2016	三
7		千万吨矿井建设项目后评价研究	2016	三
8		高强度重型刮板输送机耐磨中部槽的研制	2015	二
9		基于GIS的输电线路系统融合及一体化管理技术 研究与应用	2015	二
10		大同多层煤动压开采条件上覆煤柱与底板爆破弱化技术	2015	三
11		三软煤层全孔护壁管护孔钻进装备研制与应用	2015	三
12		大型粉磨设备耐磨堆焊再制造技术研究	2015	三
13		特厚煤层大采高综放开采关键技术及装备	2014	一
14		综放工作面液压支架故障检测技术与顶板煤岩体控制	2014	二
15		复杂条件含夹矸特厚煤层综放开采技术研究	2014	二
16		极复杂煤层综放开采关键技术研究	2014	二
17		掘锚交叉综合机械化快速掘进工艺及其关键设备的研究	2014	二
18		煤矿灾害救援虚拟演练系统研究	2014	三
19		麻家梁煤矿松散层水对煤矿安全开采影响的分析与研究	2014	三
20		3DGIS数字矿山基础信息平台研究与应用	2014	三
21		煤矿预应力锚杆支护系列材料开发及构件力学性能研究	2013	一
22		千万吨级矿井提升系统关键技术集成与应用	2013	二
23		厚表土与富含水顶板特厚煤层综放开采技术研究	2013	三

续表

序号	获奖类别	获奖项目名称	获奖年度	等级
24	中国煤炭工业协会科技进步奖	塔山矿综放工作面临空开采动压显现治理	2013	三
25		机掘巷道新型自移式超前支架的研发与应用	2013	三
26		大流量（2000m^3/h）井下移动式碳分子筛注氮装置研制与应用	2013	三
27		特厚煤层大采高综采放顶煤工作面应急预案体系研究及系统实现	2013	三
28		斜井轨道跑车综合防护系统研究与应用	2013	三
29		特厚煤层大采高综放开采成套技术与装备研发	2012	特等
30		燕子山矿粉尘综合治理关键技术与装备研究	2012	二
31		基于数字全景成像技术的特厚煤层综放开采覆岩活动规律研究	2012	二
32		采空区自然发火多场耦合时空演化规律及防治技术研究	2012	二
33		坚硬顶板大采高ZZ13000/28/60型液压支架开发研究	2012	二
34		基于无线传感器网络的矿山压力监测系统	2012	三
35		矿用风机状态维修方法的应用研究	2012	三
36		选煤厂防止胶带输送机伤人安全保护装置及系统开发	2012	三
37		井下环境对电雷管准爆影响与瞎炮发生机理和对策研究	2012	三
38		矿用主斜井大型重载带式输送机及高压变频长距离传输关键技术研究	2011	一
39		大同煤田穿越采空区的三维地震勘探技术研究	2011	二
40		煤炭开发对矿区资源环境的影响评价及与环境相协调的矿区资源开发优化	2011	二
41		复杂特厚煤层综放开采强矿压工作面支护系统设备研制与适应性研究	2011	二
42		忻州窑矿综采工作面下覆平行大巷开采技术研究	2011	三
43		QJR-350/3.3S矿用隔爆兼本质安全型交流双速真空软起动器	2011	三
44		钢架结构洗煤厂的噪声危害及控制技术研究	2011	三

续表

序号	获奖类别	获奖项目名称	获奖年度	等级
45	中国岩石力学与工程学会奖	大同矿区多层采空区煤炭火灾防治关键技术与装备研发	2016	二
46		特厚煤层坚硬顶板破断动载特征及巷道围岩控制研究	2016	三
47		近距煤层群坚硬顶板条件下小煤柱护巷技术研究	2016	三
48		厚煤层综放开采坚硬煤岩深孔充水承压爆破预裂控制技术研究	2016	三
49		大同矿区双系煤层开采静动压巷道支护成套新技术	2015	二
50		易燃厚煤层高强度开采下卸压瓦斯治理关键技术研究	2015	二
51		坚硬难冒顶板条件下近距煤层沿空留巷技术	2015	三
52		20m特厚复杂煤层综放顶板顶煤运移规律与控制技术	2014	二
53		多煤层开采矿井冲击地压发生机理及综合防治技术	2014	二
54		“两硬”大采高综采临空巷道侧向顶板结构与围岩控制技术	2014	三
55		基于数字全景成像技术的特厚煤层综放开采覆岩活动规律研究	2012	二
56	山西省科技进步奖	MG900/2360-WD型采煤机国产化关键技术研究与应用	2017	二
57		四台矿煤层群开采坚硬顶板条件下留设小煤柱护巷技术研究	2016	二
58		基于解放层开采的区域治理特厚综放大结构顶板强矿压技术	2016	三
59		高强度重型刮板输送机耐磨中部槽的研制	2015	一
60		大型粉磨设备耐磨堆焊再制造技术研究	2015	二
61		高强度综放工作面地面“L”型钻孔抽采瓦斯技术研究与工程实践	2015	二
62		YJVFT1-450矿用刮板输送机变频电机一体机研制	2015	二
63		ZCB24矿用辅助运输车辆运行安全保护监控装置及系统	2015	三

续表

序号	获奖类别	获奖项目名称	获奖年度	等级
64	山西省科技进步奖	YJVFT1-450矿用刮板输送机变频电机一体机研制	2015	三
65		高强度重型刮板输送机耐磨中部槽的研制	2015	三
66		综放工作面液压支架故障检测技术与顶板煤岩体控制	2014	三
67		大流量（2000m³/h）井下移动式碳分子筛注氮装置研制与应用	2013	二
68		煤矿综采工作面设备冷却水系统优化利用研究	2013	三
69		燕子山矿粉尘综合治理关键技术与装备研究	2012	三
70		坚硬煤层大采高MG1100/2760-GWD型电牵引滚筒采煤机开发与应用	2012	三
71		坚硬顶板大采高ZZ13000/28/60型液压支架开发研究	2012	三
72		矿用主斜井大型重载带式输送机及高压变频长距离传输关键技术研究	2011	二
73		大同“三硬”条件煤层开采微震规律及监测技术研究	2011	三

第八章

大同矿区“四元”协同发展模式实施保障

为推动“四元”协同发展模式落地发展，大同矿区审时度势，在经营管理、精细化管理、安全管理及人力资源管理等方面提出了系统的保障措施体系，从而为大同矿区的转型发展保驾护航。具体来说：在经营管理方面，以“五活五化”为中心，优化经营；在精细化管理方面，以“全方位提升”为导向，实现集约化发展；在安全管理方面，以“金字塔体系”为抓手，形成联动闭合的管理体系；在人力资源管理方面，以“建成高素质人才”为目标，创新选人用人模式；在企业文化方面，以“大同矿区特色”为引领，打造特色文化，助推企业发展。

第一节　创建“五活五化”经营模式

一、“五活五化”经营模式的制定与实践

针对大同矿区存在的融资结构不合理、资产未得到有效盘活等问题，大同矿区组织实施了资源整活、资产盘活、资本做活、资金用活、经营搞活，资源资产化、资产资本化、资本金融化、金融证券化、证券资金化的“五活五化”经营思路（郭金刚 c，2016）（图 8–1）。

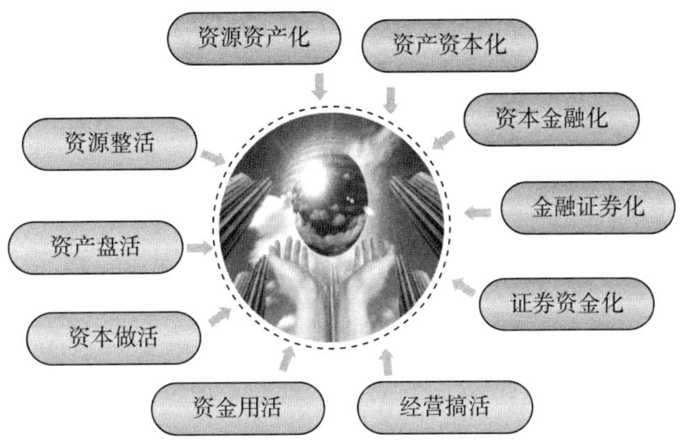

图8-1 “五活五化”经营模式

（一）资源整活

就是通过把资源变成资产，实现“发酵”“膨化”，达到资源资产化（马玉宝 a，2012）。大同矿区狠抓自然、人力、市场 3 种资源，不断获取优质资源，实现资源整活。

1. 坚定不移地获取自然资源

（1）积极获取煤炭资源，为煤炭主业稳固发展、做强做大提供后备资源。

①争取新的煤炭资源；②整合矿要获取周边的空白资源，要获取当地区域范围内新的资源（郭金刚 c，2016）；③通过现有矿井延深，获取下覆煤炭资源；④通过项目引领，争取向政府配置资源；⑤积极开拓国内外资源市场。

（2）千方百计实现资源资产化。

先前获取的煤炭资源，如果采矿权、探矿权手续发生变更，可以将采矿权、探矿权等国有资产装入股份公司，成为资产，到二级市场为大同矿区融资本金，实现“发酵”“升值”。

（3）继续抓好煤层气、铝土矿、金矿粉、石灰岩等资源获取，为非煤产业资源实现资产化奠定基础。

2. 坚定不移地获取人力资源

（1）研究引导就业政策，盘活内部人力资源。

通过设置首席专家、首席工程师、首席技师制度，给予采煤、供电、地质、煤化工、教师、临床医生等特殊专业人才相应的年薪待遇（马玉宝a，2012），进一步发挥专业技术人才在企业发展中的引领作用。

（2）整合内部职工队伍资源。

通过对外包队组、长期挂靠大同矿区的工厂和项目等资源进行整合，将外包队组、挂靠工厂和项目人员逐步替换为大同矿区职工子女。同时，畅通人才流动的出入口通道，使人才能够引进来、输出去，实现合理流动。

3. 坚定不移地获取市场资源

（1）稳定用户资源。

通过发挥产品的品牌效应，提高市场占有率，与国内外大企业建立长期稳定的战略合作关系，相互发展、互利共赢。

（2）深化企地关系。

通过与地方政府建立稳定的融通关系，实现和谐相处、合作共赢。

（二）资产盘活

资产盘活即实现资产资本化。大同矿区有针对性地对设备、房产、土地等资产制定专项措施，进行利用，实现资产盘活。

1. 设备资源

①对报废再用的设备进行评估，变为有效资产；②对闲置设备进行修理、调剂、盘活和使用；③对闲置无用的，但仍有残值的设备，进行置换或转让；④优化设备折旧，综采设备折旧年限要按过煤量计算（郭金刚 c，2016）。

2. 房产资源

①对报废在用的房产进行评估，变为有效资产；②对闲置无用的房产进行提前报废；③对公产私用的房产，可以重新使用或是收取一定的租赁费用；④进行房产转换（郭金刚 c，2016）。

3. 土地资产

①对所属的土地资源进行调查、摸底，盘活存量，做好规划，做到物尽其用（郭金刚 c，2016）；②处理好征用地与租赁地的关系；③积极获取新的土地资产；④内部进行土地资产置换、转让，发挥效益，把没用的土地置换出去，有用的土地置换回来。

4. 其他资产

①流动资产方面，通过采取置换、有偿使用、抵账、抹账、抵押贷款等形式进行盘活（郭金刚 c，2016）；②关闭破产矿井方面，理顺关闭破产矿上下覆煤炭的资产和股权关系；③妥善解决注册资本和实收资本不一致的问题；④通过成立资产经营公司，对全公司各类资产进行摸底调研，分类排队，对于能盘活的资产实行项目化管理，按照效益最大化的原则，

依法进行评估、报废、置换、整合、处置，增加企业收益（马玉宝 a，2012）。

（三）资本做活

资本做活即实现资产资本化、金融证券化，同时加大金融市场的股权融资，实现证券资金化。大同矿区通过搞好融资管理，培育上市公司，努力从生产企业向资本运营企业转变，实现资本做活。

1. 搞好融资管理

成立财务公司，搞好金融运作。将融回的资金、集团及各子（分）公司的闲散资金，全部存入财务公司，实现融资储能的功能。

2. 建立分级经营体系，明确经营主体责任

大同矿区是金融和资本运作中心，子公司是资本和成本运作中心，分公司和实体单位是成本运作中心。

3. 培育上市公司

积极筹备装备制造公司和云雁石化等企业在中小板块的融资、上市工作。通过培育上市公司，扩展股权融资渠道，实现证券资金化。

（四）资金用活

资金用活即采取行之有效的管理和控制措施，疏通资金流转环节，提高企业经济效益，为项目建设、改善民生和大同矿区发展提供强大的资金支持（马玉宝 a，2012）。大同矿区通过加强资金管理，提高资金使用效率，实现资金用活。

1. 探讨以大同矿区为大股东，发起成立山西煤炭行业的商业银行和信托公司

①借助大同矿区动力煤在全国市场的重要地位，成立“中国煤炭工业协会大同煤矿集团动力煤分会”，以便深入了解动力煤的定价和市场；②从商业和资本运作上，大同矿区通过挂靠山西省银监会等相关部门，成立“山西同煤商业银行”，由大同矿区控投，其他企业入股；③成立信托公司。

2. 建立健全大同矿区内部市场化体系

制定内部价格体系，通过内部关联交易使母公司利益最大化。要在大同矿区与各子（分）公司之间、各子（分）公司与下属各矿和单位之间、各三级单位之间、区队与班组之间，尝试推行内部市场化运作。以价格为纽带，划小核算单位，统一结算方式，将企业内部上下工序间行政管理关系，变为等价交换的经济往来关系，由现行的以矿为核算单位划为以区队、班组为核算单位，逐步建立统一的内部价格体系，加强管控，提升效益。同时，要加快推进后勤服务物业系统内部市场化改革，强化“盈亏”算账，对物业补贴逐步由“暗补”变“明补”，逐步推行有偿服务，切实降低大同矿区物业支出费用。

（五）经营搞活

经营搞活即加强管理，增收节支，提高经营质效。大同矿区通过强化销售、增强考核，实现经营搞活。

1. 强化销售工作

①推进实施全员营销，大同矿区领导班子成员带队奔走 12 个省 40 个

地市，走访用户累计120家，先后开辟了国电宁波、江苏射阳、上海海螺国际等28家用户。②实施生产、加工、运输全过程配煤，制订“一对一”装船配煤方案，实现了增销增收目标。

2. 加大绩效考核力度

①强化了经营业绩考核，以利润考核为导向，对盈利和亏损单位进行分类考核。年度业绩考核达到A级，利润加分排名第一位，对单位正职进行升职或加薪。②强化了营销考核。对运销总公司煤炭销售进行外销量、销售收入、可控费用、当期货款、纯煤价、直达煤、开发新用户、开发新品种、集团总销量、漳泽电供煤等总承包考核，进一步增加煤炭销售收入，严格控制支出，提高吨煤利润。③强化了新项目考核。项目建设单位月度工资按本单位当月计划完成率发放，完成率不足95%，扣罚领导人员年薪。④将各子公司年度销售收入、利润、新建矿井投资回收期、净资产收益率、成本利润率、应收账款回收率等与公司班子年薪挂钩考核，确保经营指标圆满完成。

3. 加强内部经营管理

①突出保资金、保利润的“双保”重点，强化增产节约、挖潜堵漏、紧缩开支的措施。②试点推行全面预算管理，完善内控制度。③对大同矿区各单位实行“正算账”，推行全面预算管理，把利润作为业绩考核的主要内容，切实由生产型向生产经营型转变。④严格控制工资总量。⑤全员、全方位、全过程开展节支降耗和回收复用工作。⑥科学控制洗耗，根据市场、用户需求及时调整洗耗，合理上报洗耗指标。⑦加强项目管理，实施“双降5%”（招投标金额比计划金额降低5%，合同金额比中标金额降低5%）和“三不”（可干可不干的坚决不干、超概预算的坚决不干、计划外项目

坚决不干）原则，严格控制各类工程造价和设备、材料配件采购资金。

二、“五活五化”经营模式的运行成效

大同矿区通过“五活五化”经营模式的实施，疏通了融资渠道。大同矿区根据发展需求，合理搭配融资品种和方式，先后启动了私募、中期贷款、债券、短期融资券、中期票据、固融、融资租赁等上百亿元的融资方案，取得了很好的效果。

（一）构建了“六渠道一公司”融资平台，为企业发展提供资金保障

“六渠道”：①通过大同矿区融资。通过发行企业债券、私募债券、固融贷款、短期融资券、保险业私募等融资产品，将企业持有的净资产实施股权多元化，探讨大同矿区层面的增资扩股。②发挥大同煤业融资功能。采用“一矿一策”实施方案，积极探索收购大同矿区股份制矿井的股权。③发挥漳泽电力上市公司的融资功能。加强对大同矿区原有电力项目及其他项目的装入工作。④积极推进子公司融资工作。各个子公司通过发行企业债券、设备融资租赁、采矿权抵押融资等方式，实现融资（郭金刚 c，2016）。⑤全力培育中小企业上市。积极培育机电装备公司、云雁石化以及整合重组后的洗煤、铁路、建筑建材房地产等产业的上市工作。⑥通过融资租赁、BT、BOT 等多种方式解决设备、新项目建设的资金问题。

“一公司”：积极发挥财务公司功能。实行资金集中管理，降低财务费用，提高资金使用效率。发挥财务公司强化资金预算管理的作用，不断提高资金集中度（郭金刚 c，2016）。扩大财务公司信贷规模，提高资金融通能力。

通过“六渠道一公司”融资平台，大同矿区确保了项目的资金投入。

（二）成功重组漳泽电力，构筑了第二大上市融资平台

重组漳泽电力是大同矿区有史以来最大的一宗并购，标志着煤电一体化进程迈出了关键性的一步。漳泽电力的重组，成为煤炭企业第一个通过资本市场形成“煤电一体化”企业联合体的成功案例（张晋伟等，2013）。重组之后，大同矿区电力装机容量在全省最大，煤电一体化发展进入了一个全新的阶段。在兼并重组的同时，大同矿区还加强了漳泽电力的运营管理，实现战略、管理、文化“三融合”，做到人、财、物、计划、统计、营销“六统一”（马玉宝 b，2013）。

（三）进一步加强了经营运作

通过经营手段实施安全基金置换成本。通过投资置换维简和成本。对延伸矿井上部资产进行合理处置，对无效资产进行了销号。合理调剂新建井、整合井工程煤量，处理好成本和基建投资的关系。实施煤电内部价格调整，推进电力再次整合。

第二节 推进精细化管理

精细化管理本质上强调的是一个持续改进、不断完善的过程，促使产品或服务更具竞争力。具体表现在管理精细化、质量精细化、服务精细化、生产精细化、物流精细化、营销精细化、业务流程精细化等方面。

一、精细化管理制度的建立和实践

（一）优化生产组织系统，促进生产精细化管理

大同矿区从优化设计、优化工艺流程、优化设备配置、优化劳动组织和优化质量标准化“五个优化”入手，理顺矿井衔接，提高单产、单进水平。大力推进矿井流程再造、技术改造、小改小革，对有资源条件的生产矿井、延深矿井以及子公司下属的资源整合矿井，按照技术改造、流程再造和盈亏平衡的思路，进行“一矿一策”的改造论证。加大精采细采力度，合理留设煤柱及停采线，最大限度地开采“三下”压煤和边角煤，如在四台矿 12# 每层留设小煤柱护巷技术，多回收煤柱资源 1.5 万吨。大力实施支护方式改革，加强井下避峰生产、地面避峰用电，从源头控制材料成本和供电成本。

（二）分类培育示范标杆，促进安全精细化管理

大同矿区通过塔山、同忻等新建矿井在现代化矿井建设上创品牌，杏儿沟、忻州窑等老牌矿井在精细化管理上出示范，马脊梁、晋华宫等主力矿井在标准化发展上出经验，大同矿区着力打造标准化、精细化、现代化三个精细化管理矿井集群。分别在口泉沟、云冈沟、整合矿、新建井的忻州窑、雁崖、四台、铁锋、北杏庄、益晟和塔山 7 座矿井分类分系统选培精细化示范矿井，成熟一座示范一座。此外，按照精细化管理示范矿井模式，大同矿区还选培出精品盘区、精品工作面、精品硐室、精品班组、精品岗位等标杆，每月召开区域现场会，做到制度从细、工作做细、管理抓细、流程管细，形成了示范引领作用，从整体上提升了安全管理水平。

（三）严格控制资金成本，促进投资精细化管理

大同矿区通过在经营承包上实行“四个10，三个3”，在工程建设上执行“双控措施”和“三不政策”，严格控制各类工程造价和设备、材料配件采购资金。“四个10”是各单位采购计划再降10%，生产成本再降10元/吨，各项费用再降10%，减亏增盈10%；“三个3”是本部矿在下达的产量指标的基础上再增加3%来消化生产成本，各类资金计划在上一年实际完成的基础上再压缩30%，大同矿区确保融资300亿元（马玉宝等c，2016）。“双控措施”是工程中标价比计划价降低5%、合同价比中标价降低5%，“两个下降5%”。在项目投资上，结合实际制定新建项目建设标准，按照“三不政策”：即可干可不干的工程坚决不干、超概预算的坚决不干、新增投资的坚决不干，减少不必要的投资。在风险预控上，进一步健全董事会投资审核委员会、战略与风险评估委员会、招标监督委员会的职责，聘请资本、金融、煤化工、贸易、农业、文化产业等行业的资深专家，参与项目前期风险评估和投资回报率分析，有效地规避投资风险。此外，还明确项目负责人是第一责任人，负责工程进度、安全、概算控制，并对项目竣工后的工程质量、安全承担终身责任。

（四）深化全面预算管理，促进经营精细化管理

建立健全内控制度，实施以成本费用为基础、以现金流量为核心的全面预算管理和“全成本核算”，对地面单位实行“正测算”，矿井试点推行“倒测算”，重点加强生产经营业务的预算管理，增强预算的准确性。对新建、延深矿井的大巷及顺槽工程，实行巷道延米最高限价制度。实时监控预算执行情况，加强指标考核的科学性、专业性、针对性，严格按年初预算分解执行。加大对各子（分）公司的指导管理力度，严控工程造价，

严控非生产投资，严控未批先建、批小建大、超标建设等问题。推行全过程造价控制，不断完善“分段结算”和“随工结算”管理。进一步完善招投标管理，成立招标监督委员会，严格规范各类型项目招标，实行全过程监督，取消重大项目标前、标后报告程序，保留招标申请核准程序，对子公司招标实行备案制度。对生产经营单位进行全方位、全覆盖审计，对基建项目实行全过程跟踪审计，定期对子公司经营业绩进行审计。

（五）科学合理制订计划，促进购储精细化管理

大同矿区通过加强对设备、材料、配件在计划、采购、储备和消耗等环节上的管理，实现成本的最优化。增强材料配件需求计划编制的准确性、科学性和严肃性，做到精确计划，从根本上杜绝不必要的浪费与消耗。做好采购资金预算管理，加强对采购价格的监控，完善商务谈判流程，扩大询价、竞价范围。加大对现有库存物资的利用率，以调剂库存降低储备，以修旧利废、回收复用增加效益，深入推进超市化管理，减少储备资金占用。对 18 种材料和 47 种配件制订科学合理的定额消耗计划，以调剂降消耗，以复用省消耗，以定额管消耗，并根据实际情况进行调整。此外，大同矿区推行综采、综掘、回收安装等设备内部市场化租赁改革，对设备进行统一采购、统一管理、统一调剂使用，合理配置和优化设备设施，提高利用率和周转率，降低采购成本和运营成本。

二、精细化管理的运行成效

（一）生产效率逐步提高

以综合单产水平为例，大同矿区综合单产水平不断提高。生产矿

井综合单产2011年达到125585吨/（个·月）；2012年达到133238吨/（个·月），同比增长6.09%；2013年达到136292吨/（个·月），同比增长2.29%；2014年由于新建矿增加，综合单产有所下降，达到127575吨/（个·月）；2015年达到151831吨/（个·月），同比增长19.01%；2016年达到154740吨/（个·月），同比增长1.92%；2017年较2016年有所下降，达到149709吨/（个·月）。

（二）生产成本不断下降，有效弥补经营缺口

以吨煤成本为例，大同矿区吨煤成本大幅下降。2011 ~ 2014年吨煤成本分别完成312.15元、297.34元、286.31元、230.90元，吨煤成本下降了81.25元，极大地弥补了煤价下滑造成的经营缺口。

第三节　构建“金字塔”安全管理体系

一、“金字塔”安全管理体系的建立与实践

为实现全员、全面、全方位、全时段的“全覆盖”管理安全生产，大同矿区推行“金字塔安全系统法”，从产业布局上成立19个专业安全委员会，实现安全监管全覆盖，通过推行“3个三分之一工作法”，实现全过程、全时段安全监管，通过狠抓水、火、瓦斯、煤尘、顶板、冲击地压等“六大灾害”预防，控制重大事故，控制零打碎敲事故发生，确保安全形势持续、稳定发展。

大同矿区在长期的生产实践中通过对企业安全行为、安全意识、安全

教训等内容的提炼、总结和升华（赵保太，2007），形成了从董事长到普通员工，自上而下分解安全目标，落实安全责任，从普通员工到董事长自下而上进行层层考核，形成集团高层抓决策，分管领导抓系统，业务部门抓管理，安监部门抓监督，生产经营单位抓落实，区队、车间、班组抓执行，使安全行为规范和行为监督由“二维平面管理”向“三维立体管理”方面上升，实现安全工作循环闭合、螺旋式上升的“金字塔”安全管理体系（徐婷婷，2013）（如图 8-2 所示）。

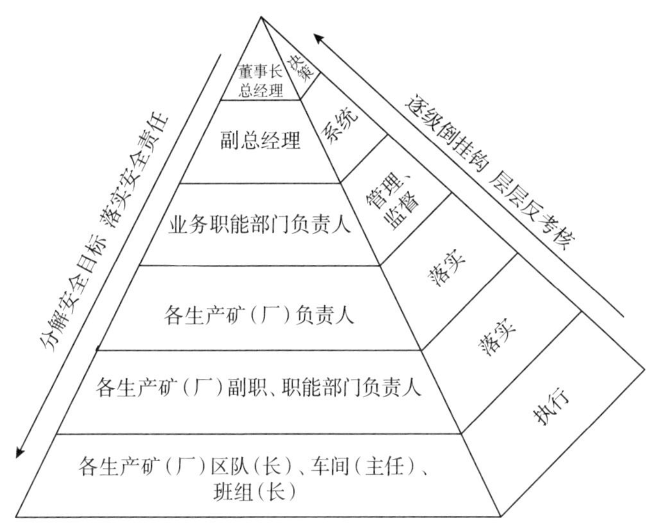

图8-2　大同矿区“金字塔”安全管理体系示意

“金字塔”安全管理体系的精髓就是从上到下层层分解安全任务、传递安全压力，从下到上层层签订安全目标责任书，进行反考核。在生产实践中，“金字塔”安全管理体系逐渐成为各级干部员工的安全行为共识，成为引导、指导干部员工安全生产的准则，成为大同矿区安全生产的精神支撑（赵保太，2007）。

（一）逐级负责是核心

“金字塔”安全管理体系明确了各级干部的管理责任，重点解决了谁负责、负什么责的问题。

1. 实行“包保”责任制

大同矿区、职能部门领导包保本部矿井；子公司所属矿井由子公司领导和子公司职能部门包保；矿领导、矿职能部门领导包保盘区、区队干部包队组、队组干部包班组。实现了业务全覆盖、领域全覆盖和重点工作地点全覆盖。

2. 签订安全目标责任书

二级单位和子公司与大同矿区签订安全目标责任书，三级单位与二级子公司签订安全目标责任书，区队（车间）与二级矿（厂）签订安全目标责任书，员工与区队（车间）签订安全遵章守纪承诺书，形成环环相扣的安全目标责任追究考核办法。

3. 实行“一岗双责”制度

大同矿区领导亲自研究部署重点工作，亲自督促检查，亲自协调解决重点难点问题；各分管领导按照责任分工，盯紧抓实每一项工作的落实，保证所分管工作按计划有序推进；各班组长认真落实工作计划，加强组织和协调，实行一级抓一级，一级包保一级，使安全生产时刻处于有效控制之中。

（二）制度创新是保障

管理体系要有效，制度建设是保证。完善的管理制度是推动企业安全发展的保障。大同矿区创新性地推行一系列制度把安全生产的每个链条衔接起来，把每道工序、每个环节、每个岗位的工作，全部纳入规范化、制度化轨道。

①大同矿区每年将“金字塔”安全管理体系写入“安全一号文件”中，保证了体系的权威性和严肃性。

②成立了19个安全专业委员会，建立大同矿区安全生产委员会制度，下设4个煤矿专业安委会和15个非煤专业安委会，对井上井下安全工作分专业进行“全覆盖”管理。

③制定了13条安全“红线”管理规定，以及《标准岗考核办法》《班组安全建设考核办法》等管理制度，对触碰“红线”的人员分别给予警告、记过、记大过、降职、免职、撤职等处理（陈旭忠，2014）。

④实行了包保责任制和隐患排查挂牌督办制度，组建了由总经理直接领导的安全监管五人小组管理部，强化了对矿井的现场管理和隐患排查、安全监管（樊雯翔，2014）。

⑤推行了“月度计划任务书”制度，生产、运销、电力、经营、安全5个系统将全年指标任务分解到月度计划任务书中，每月各系统以计划任务书的形式，对指标、重点工作任务、时间、责任人等按照月度任务严格管理考核，全部进行“五定”处理。

⑥创新性制定了《安全隐患排查治理定价考核补充办法》，落实了安全隐患定价考核制度。各单位、生产矿每月同步组织召开月度安全例会，并且在安全办公会上对月度查出的安全隐患进行逐家、逐项定价考核，隐患治理直接与单位工资和主要负责人经济挂钩。同时围绕重点问题“抓反复、反复抓”，突出抓好反复性隐患的治理，按照定价考核办法对反复性隐患加重处罚，彻底杜绝反复性、屡治不绝问题。

（三）培训教育是途径

“金字塔”安全管理体系的执行，得益于员工安全意识的增强和安全素质的提高，而这些又是通过安全教育培训来实现的（赵保太，2007）。大同矿区结合企业安全生产现状，坚持把安全培训作为夯实煤矿安全生产基础，建设本质安全型矿井的重要途径，积极探索安全培训工作的新思路、新方法，做到了超前管理、超前部署（史禹，2011）。对瓦斯治理、防治水、防灭火等重点领域进行意识形成教育。同时还加强基础管理和基本技能的培训。把“三项岗位”人员资格培训作为刚性任务。利用工大、技校两所院校进行全员培训，强化了班组长、区队长和主要工种员工资格培训；特别是严格了入井准入，入井前人人要答3道题，不合格不准入井，做到了安全培训常态化。

（四）检查考核是手段

有了制度就要有考核，没有了考核，落实制度就是一句空话。“金字塔”安全管理体系自下而上实行安全保证和逐级倒挂钩考核，自下而上层层签订安全目标责任书，以达到个人保班组、班组保区队、区队保全矿安全生产无事故的目标。发生工伤以上事故，根据有关文件和制度规定，追究操作工人、班组长的直接责任，自下而上进行逐级倒挂钩考核和处罚。给予经济处罚或行政处分，同时对事故责任单位进行集体处罚，并以此为基础，在月底进行安全考核时，直接在工资、奖金中兑现，完善自下而上安全责任倒挂钩考核机制。

1. 强化了安全责任考核

推行了30%安全绩效工资考核，出台了《标准岗考核办法》、隐患定价考核、安全管理“红线”规定等考核办法。严格专业安委会考核、事故考核、安全专题活动考核、瞒报事故加重一级处理等考核制度。

2. 构建了三项考核体系

对子公司及法人单位建立健全指标考核体系；对分公司和实体单位实

行“正算账”考核；对管理部门推行量化考核。

（五）责任追究是约束

责任追究的力度决定管理执行的程度。一套切合实际的责任追究程序，可以确保“金字塔”安全管理体系的严肃性。大同矿区明确规定，发生安全事故，加大责任追究问责力度，分别与区队长、职能科室、矿井副总工、分管副职、党政正职，直至大同矿区职能部门、副总工以及相关副总经理进行挂钩考核和连带处分。同时对相应的安全监管五人小组、挂牌包保责任人进行责任追究和连带处分。特别是对于瞒报事故，加重一级处理。对于地面及非煤事故，参照井下规定加重一级处理。

二、“金字塔”安全管理体系的运行成效

（一）构建了“大安全”管理格局

大同矿区在实施“金字搭”安全管理体系的同时，构建起“专业化、全覆盖、抓重点、严考核”的“大安全”管理格局。大同矿区结合企业发展实际，在安委会下设立了 4 个煤矿专业安全委员会和 15 个地面行业、领域专业安全委员会，突出了系统优势，发挥了专业职能，构建了“系统领导、专业管理、职责分明、主休清楚”的“大安全”管理格局，使安全行为规范和行为监督由“二维平面管理”向“三维立体管理”转变。在此基础上，大同矿区还针对企业煤与非煤多业并举的发展态势，大力推行“六环五步”安全全面管理，将安全管理划分为“煤炭、电力、化工、新兴产业、生活、交通”六个安全环和“层次管理、逐级负责、量化分解、评分考核、奖罚兑现”五个安全步骤。

（二）提升了安全保障能力

在“金字塔”安全管理体系的保障下，2017 年大同矿区百万吨死亡率降至 0.0233，创历史最低水平，达到了国内领先水平。

1. 安全基础得到夯实

大同矿区大力推行以“完善基础设施、强化基础管理”为核心的建设工作。各生产单位一方面不断完善安全装备设施，提高安全保障能力，另一方面大力推进安全基础管理，规范人的安全行为。班组建设按照“工作到班组，人人抓落实”的要求，持续推进“岗位就近管理”“班组全程管理”和“安全程序化管理”，实现了矿井安全工作天天有变化、周周有创新、月月有进展、处处有亮点。

2. 安全投入不断加大

从 2011 年下半年到 2018 年，市场形势急转直下，本着“在安全上的投入不能减少”的原则，大同矿区在瓦斯治理、防治水等基础设施建设和重点安全工程治理上做到投入资金不减，按照“一矿一策”“一事一策”“十完善”和“六大系统”的要求，对水、火、瓦斯、顶板、煤尘五大隐患进行重点整治，做到了隐患排查治理常态化。

3. 安全活动丰富多彩

大同矿区通过各种活动让安全工作常抓常新，常抓不懈。“手指口述”安全工作法让员工掌握了安全知识，规范了安全行为，扎扎实实地上标准岗、干标准活；按照“一季一活动、一月一主题”，开展覆盖全年的各类安全活动；开展人性化、亲情化安全活动，将安全管理融入友情亲情，巩固了安全第二道防线，集聚起了员工工作的合力。

（三）实现了产业安全全覆盖

大同矿区纵向推行“金字塔”安全系统管理制度，明确安全管理“一岗双责”，实现八大产业安全全覆盖。水、火、瓦斯、煤尘、顶板等自然灾害得到控制，有效地预防和减少了矿井和地面单位重特大事故和零打碎敲事故，确保了基础设施安全可靠、环境安全达标、基础管理安全规范，作业环境得到明显改善。大同矿区百万吨死亡率从 2011 年的 0.03 降到 2017 年的 0.0233。安全目标持续低控，在煤炭市场严峻和企业经营困难的形势下，切实起到了保驾护航的作用。

第四节 建设高质量人才队伍

一、高质量人才队伍建立的实践

（一）加大高层次人才建设力度

1. 高层次管理人才队伍建设

按照提升现代经营管理水平和国际竞争力要求，围绕发展具有国际竞争力的大集团，加快推进企业管理人才职业化、市场化、专业化和国际化，加强高层次管理人才队伍建设。

主要措施：加强理论教育和党性教育。以大同矿区党校为主要基地，加强管理人才的理论知识培训工作，五年之内，对大同矿区管理人员全部轮训一次。选派优秀管理人才到中央党校、省委党校和井冈山干部学院、延安干部学院、浦东干部学院等高等院校深造。全面提高管理人才推动科学发展、促进企业和谐的能力。

“1311”选人用人标准。健全选拔任用机制，坚持德才兼备、以德为先的用人标准，采取组织选拔与公开选聘相结合的方式，加大竞争性选拔管理人才的工作力度，建立完善市场选聘高层次管理人才制度，健全管理人才聘任制、任期制和任期目标责任制，实行合同化管理。健全考核评价机制，实施促进科学发展的综合考核评价办法。通过加强实践锻炼，加大交流挂职力度，选派优秀管理人才到国内知名企业挂职锻炼等方式，不断改善高层次领导人才的素质结构。

建立管理人才库。培养和引进一批企业发展急需的战略规划、资本运作、科技管理、项目管理等方面专门人才。

2. 高层次科技创新人才队伍建设

按照提高自主创新能力、建设创新型矿区的要求，以提高专业水平和创新能力为核心，以高层次人才和紧缺人才为重点，加强科技创新人才队伍建设。

主要措施：实施“高素质科技人才培养计划”“青年英才开发计划”“专业技术人才知识更新工程”。构建分层分类的专业技术人才继续教育体系，进一步扩大专业技术人才队伍培养规模，提高专业技术人才创新能力。依托重大科研和重大工程项目、重点学科和重点科研基地，建设一批高层次创新型科技人才培养基地，加强校企合作（柏广新，2012）。依托中国矿业大学、辽宁工程学院等高等院校，每年培养专业技术人才100名。加强专业技术人才储备。每年选拔500名具有一定文化基础知识和实践经验的青年员工，进行系统的理论培训，定单式培养，择优补充到专业技术岗位，加强专业技术人才储备力量。加大专业技术人才引进力度。围绕煤炭、电力、冶金、煤化工、机械制造五大产业，每年引进500名大学生，补充到专业技术岗位实践锻炼。拓宽专业技术人才引才渠道。采用技术咨询、项目合作等灵活多样的人才柔性流动政策，引导高层次专业技术人才为大同矿区发展发挥作用。

加大人才引进力度，培养优秀青年队伍。近年来，大同矿区尤其注重加大主体专业大学生的招聘力度。2011 ~ 2018年，大同矿区采取赴高校召开专场招聘会，参加省政府、国资委招才引智大会等形式招聘毕业生多名，涉及采矿、地质、测绘、安全、机械制造及自动化、工民建、化工、热能、医务、环境工程等专业。大同矿区倡导新分配大学生到基层岗位锻炼，培养基础能力，提升个人素质，储备了一大批年富力强的青年人才。

统筹推进专业技术职称和职业资格制度改革。完善特殊津贴制度，强化激励，科学管理。改进专业技术人才收入分配等激励办法。改善基层专业技术人才工作、生活条件，拓展职业发展空间。注重发挥离退休专业技术人才的作用（王向岭，2019）。

3. 高层次技能操作人才队伍建设

适应走新型工业化道路和产业结构优化升级的要求，以提升职业素质和职业技能为核心，以技师和高级技师为重点，形成一支门类齐全、技艺精湛的高技能人才队伍。

主要措施：完善以各二级单位为主体，以职业技术学院、技师学院为基础的高技能人才培养培训体系。加强职业技能培训，建设国家级高技能人才培养基地和实训基地。组织实施“百千万高技能人才培养工程”（柏广新，2012）。每年培养不少于 100 名高级技师、500 名技师、1000 名高级技术工。探索高技能人才与工程技术人才相互贯通、有机融合的使用办法。开展各种形式的职业技能竞赛和岗位练兵活动。完善高技能人才评选表彰制度（张洪亭，2011），促进技能人才评价多元化。提高技能人才经济待遇和社会地位。完善高技能人才薪酬制度（李志科，2010），设立“首席技师”岗位和技能大师工作室，开展职业技能竞赛，激发广大技能劳动者钻研和革新技艺的活力。建立高技能人才绝技绝活传承机制。鼓励名师有偿带徒，发挥高技能人才的传帮带作用（柏广新，2012）。

（二）创新劳动用工机制

大同矿区按照“老单位消肿、新单位安排人”的原则，采取井下区队“成建制或半成建制转移”，优化人员结构，合理调整新老单位人员，进一步减轻老单位人力成本和经营压力，增强新单位的发展动力和发展后劲。

主要措施：统筹考虑工程技术人员及其他专业技术人员的接续，合理增加招聘数量，其中新招聘的大学生第一年由劳资部统一管理，在基层从事工人岗位工作，一年期满经考核合格后，具有二本及以上学历的大学生转由人事部管理，但从事井下岗位工作的三年内不得调到地面岗位；二本以下继续从事井下或生产车间技工岗位，原则上不允许调到管理岗位。按照正常程序，对符合条件的工人岗位本科及以上大学生进行职称评定，并按照职称系数与岗位系数“就高不就低”原则设定工资标准，进一步提高工人岗位上大学生的积极性。此外，大同矿区还制定出台了《关于加强矿处级后备领导人员队伍建设的实施意见》，加强后备人才推荐选拔工作精细管理。通过在部分非煤产业、新项目搞试点，引入成熟技术人才和实战型高端人才，逐步改善了电力、煤化工、冶金等非煤领域专业人才缺乏的局面。

（三）创新员工激励机制

大同矿区在人才激励方面，先后实施了“五大类人才激励工程”，配套出台各类优秀人才评选办法。连续10届评选出优秀人才、突出贡献优秀人才、首席高级工程师和首席工程师、首席技能大师、优秀大学生并给予奖励。每年对基层“优秀人才工作室”和“技能大师工作室”给予专项经费资助，用于技术研发、创新及推广应用。大同矿区不断强化人才激励工作，优化激励机制，在基金支持、科技奖励方面加大支持力度，有效激发了专业技术人才干事创业的积极性。

随着大同矿区的转型发展，非煤专业人才的短缺成为制约转型发展的瓶颈，大同矿区通过市场化招聘方式，选聘了8名高端人才。同时结合企业发展需求，大同矿区引进职业经理人制度，通过内部竞聘、公开遴选、社会公开招聘等方式，在集团层面开展高级管理人员市场化选聘工作，在二、三级单位试点推进经营层市场化选聘工作。正在组织实施上海融资租赁公司总经理的市场化选聘工作，未来对职业经理人制度将加大力度、逐步推开。

（四）依托技师学院，培养优秀人才

大同矿区技师学院是一所集中高级工教育、技师教育、在职培训、安全培训、技能鉴定、煤矿关键岗位人员中等学历教育和成人函授学历教育于一体的多功能办学机构。2006年，大同矿区整合教育资源，成立了大学，技师学院成为同煤大学三所学院之一；2013年，山西省政府批准设立大同煤矿集团有限责任公司技师学院，成为全省首批技师学院。

技师学院是大同矿区公司员工的培训基地，承担着对集团公司员工进行岗前培训、在职培训、安全培训任务，每年完成在职职工培训和矿长安

全资格培训等各类培训上万人次，是大同矿区在职员工万人培训基地。技师学院为大同矿区、社会培养输送了技术工人两万多人，培训各类人员 20 多万人次。许多人成为大同矿区的优秀人才，为全国能源基地建设、大同矿区的发展作出了积极的贡献。

二、高质量人才队伍建立的成效

“十二五”期间，大同矿区提出了坚定不移地走人才强企之路，实施了一系列加强人才工作的措施，培养造就了各个领域的大批人才。以高层次人才、高技能人才为重点的各类人才队伍不断壮大，有利于人才发展的制度管理体系进一步完善，人才效能明显提高。

（一）人才资源总量不断增长，非煤人才力量进一步增强

大同矿区 2017 年的人才资源总量相比于 2016 年增长了 43.4%。特别是在高端非煤产业技术人才队伍中，专业技术人才相比于 2011 年增长了 20%，电力、煤化工、新能源等新兴产业人才上升势头强劲。

（二）高层次人才队伍不断壮大，火车头效应进一步凸显

企业的中高层管理人才与技术人才，是企业人才培养的核心对象。很多企业都把人才培养的重点放在基层员工上（王连军，2011），而没有把主要精力聚焦在中高层人才培养上，结果往往不尽如人意，原因很明显：“瓶颈通常都处在瓶子的顶端”，培养中高层人才才是人才培养的关键所在。“火车跑得快，全靠车头带”。大同矿区在加强专业技术人员队伍建设的同时，非常注重高层次人才队伍建设，大力培育和引进高端人才，引领各领域人才队伍培养，助推各层面人才队伍建设。截至 2017 年底，大同

矿区已形成以 69 位国务院政府特殊津贴人员、1 位“百千万人才工程”国家级人选、7 位国家安全生产专家、60 余位以首席员工命名的创新工作室为代表的人才创新体系，助力企业发展。

（三）人才整体素质不断提高，人才队伍结构进一步合理

大同矿区通过创新选人用人模式，充分发挥其自身优势，加快煤电一体化建设步伐，建成了多领域、全方位的人才队伍。并呈现“两高一低”的特点，即“高学历、高职称、低年龄”，并逐步向电力、煤化工、装备制造等非煤产业转变，人才结构日趋合理，人才队伍初具规模。这为企业升级产业结构、转型跨越发展和增强综合竞争力提供了强有力的支撑和保证。

第五节　打造大同矿区特色文化

企业文化是企业的灵魂，是企业在长期生产过程中形成的文明的总和。推动企业文化改革创新，是新形势下企业发展的需要。以企业文化正确引导干部员工，增强企业凝聚力、向心力和驱动力，使企业在困境中团结一致，上下齐心，实现平稳运行与稳步发展，是保障企业在市场变化的浪潮中屹立不倒的关键因素。

一、塑造新时期大同矿区精神，引领企业文化建设方向

企业精神，即企业的核心价值观，是企业文化的灵魂。企业精神确定

之后，企业文化建设就有了明确的方向。大同矿区新时期的企业精神应该是“勤奋、创新、严谨、超越”。

（一）“勤奋”是大同矿区精神需要长久传承的灵魂支柱

自大同矿区成立以来，一代代大同矿区人以他们爱岗敬业、无私奉献的精神风貌，不断诠释着“特别能战斗、特别能吃苦、特别能奉献”的员工精神。从马六孩、连万禄、王风梧到王雷雨，再到欧学联，都是其中的突出代表。他们的勤劳勇敢、奋发有为充分体现了“勤奋”的精神特质。

（二）“创新”是企业发展的不竭动力

大同矿区自组建以来，始终将改革创新作为企业发展的首要任务。企业经历了由人拉肩扛、炮采、普采，到综采、综放工作面的科技创新；由粗放式管理，到全面推进精细化管理的管理方式创新；由“特别能战斗、特别能吃苦、特别能奉献”的老一辈精神，到“勤奋、创新、严谨、超越”的新时期大同矿区精神的文化创新。

（三）“严谨”是大同矿区人的行为准则

在大同矿区几十年的发展史当中，始终贯穿着严肃认真、谨言慎思、思维缜密、一丝不苟的工作作风。“十二五”期间，大同矿区实现了千万吨矿井集群建设、老矿“一对一”的衔接、成功重组漳泽电力、财务公司获准挂牌等一系列战略目标，靠的就是严谨的工作作风。所以，“严谨”也是事业成功的保证。

（四）“超越”是大同矿区发展的永恒主题

要敢想、敢干、敢为天下先，要有“勇创一流、唯旗是夺”的勇气和信心，既要超越自己，更要超越同行。大同矿区自1949年成立大同矿务局，作为共和国长子，首先建局，首上综采，到开天窗放顶煤一次采全高，产量跃居全国之首，建成塔山、同忻等千万吨级矿井，形成亿吨级煤炭基地，实现了一次又一次的超越。

二、打造特色文化，助推企业发展

企业文化是企业经营理念、价值观念、经营形象等的总和，是企业家文化，核心就是企业家精神。因此，要建立实用型文化体系，必须结合当前工作的特点和重点，通过建设特色企业文化，注重企业文化的前瞻性、实用性和针对性，真正起到引领企业、凝聚员工、促进工作落实的作用，从而带动企业整体健康发展。

（一）打造前瞻性企业文化

拥有超前的思路与规划，可以帮助企业在当前激烈的市场竞争中赢得一席之地。企业文化是企业的精神所在，是企业家精神的集中体现。因此，从大到企业未来发展方向，小到日常生产经营，企业文化必须突显前瞻性对企业的重要程度，从而激励企业干部员工早考虑、早准备，提前谋划、提前预判。

（二）打造实用性企业文化

企业可以通过将企业文化与管理实践相结合，形成指导管理的方法和手段，并真正落实到考核和实施的层面上，最终体现在经济效益上。大同矿区根据企业实际情况，将企业文化做到“四个有机结合”，充分将企业文化从“纸上谈兵”变为“学以致用”。

1. 企业文化与生产经营有机结合

联系企业生产经营实际情况，打造特色文化管理，真正做到有思路、有办法、有考核、有效果，创造更多更大的经济效益。企业领导通过对企业文化的深刻认识，逐步贯穿到日常生产经营管理当中，形成有思路、有办法、有考核、有效果的“四位一体”式的管理方法，从而形成开阔、超前的思路，并把思路变成能够具体落实的办法，再以考核提高执行力，以有效果证明管理方法的实效性。

2. 企业文化与安全管理有机结合

保障煤矿安全生产是确保煤炭企业平稳运行的必要条件。大同矿区在安全管理方面，不断加大投资、管理力度，积极以企业安全文化引导员工安全行为意识养成。上至集团职能部门，下至各生产矿、一线生产区队、班组，全面推进安全文化建设，切实做到以制度管人，以文化管企业。

3. 企业文化与科技攻关有机结合

根据大同矿区生产条件特点，针对性地进行科研攻关，有效地解决生产过程中遇到的棘手问题。对于普适性技术难题如特厚煤层放顶煤开采、石炭系煤层巷道支护、矿井辅助运输等，大同矿区积极开展技术创新和技术研究。

4. 企业文化与人才培养有机结合

大同矿区通过招聘毕业大学生、双学位学生及复转军人，储备企业发展后备人才力量；完善系统化、专业化的人才培养机制，打造企业专业化人才队伍。同时，统筹考虑矿区公司工程技术人员及其他专业技术人员的接续问题，积极在部分非煤产业、新项目试点成熟技术人才和实战型高端人才引入机制，逐步改善当前电力、煤化工、冶金等非煤领域专业人才缺乏的局面。

（三）打造针对性企业文化

紧密结合实际，针对具体情况，形成相应的思路和办法，再应用到具体工作中。通过良好的企业文化，凝聚人心、激发斗志。要抓好企业文化建设，培养广大干部职工牢固树立高度的责任心和事业心。结合企业的发展要求，提炼具有特色的企业精神和企业文化，引领和带动集团公司各项产业健康快速发展。

大同矿区历经70多年的发展历程，在不同的历史时期塑造了不同的核心价值观和企业精神，形成了特色的企业文化。在近几年的企业发展历程中，大同矿区结合国内外煤炭市场形势和企业发展实际，审时度势，高瞻远瞩，通过创新文化引领企业、建设企业，使企业在市场经济的大潮中，逆势而上，企业的知名度和社会影响力得到大幅提升，整体工作实现了质的飞跃，走出了一条老企业创造新价值、引领行业发展新潮流的科学、全面协调和可持续发展之路，为大同矿区在新形势下，逆势超越，再创辉煌，凝聚了强大的精神力量。

第九章

大同矿区“四元”协同评价

大同矿区通过协同发展，实现了产业链的延伸，打造了“煤—电—热”“煤—电—建”“煤—化工”产业链，最终形成了新老矿井协同开发、煤炭开发与利用协同、新兴产业与传统产业协同发展、环境与经济协同发展的大同矿区“四元”协同发展模式。为进一步评价取得的协同效应，指导大同矿区未来的协同发展，大同矿区建立了“四元”协同发展评价模型。

第一节　多元协同评价方法选择

现行协同评价方法主要有层次分析法、理想解距离模型法、模糊函数法、熵值－复合有序度法，各方法主要计算法则如下。

一、层次分析法

层次分析法（Analytic Hierarchy Process，简称 AHP）是一种多层次权重解析方法，是比较常用的评价方法，但该方法具有较强的主观性。

（一）模型算法

1. 建立层次结构模型

在深入分析面临的问题之后，当问题中所包含的因素划分为不同层次（如目标层、标准层、指标层、方案层、措施层等）时，用框图形式说明层次的递阶结构与因素的从属关系。当某个层次包括的因素较多时，可将该层次进一步划分为若干个子层次（吴育芳，2011）。

2. 指标体系及权重确定

根据人们对各因素相对重要程度（或优劣、偏好、强度等）的认识，通过聘请专家等方式进行专家打分，一般采用数字 1 ~ 9 进行标度。

3. 评价模型建立

运用专家打分法或矩阵赋权法给出各个因素的权重，通过调研等方式获取各个因素的分值，利用线性加权得出评价值。

（二）应用示例

层次分析法适用于解决影响因素角度的、层级较复杂的系统协同程度分析问题。例如，运用层次分析泆评价对煤炭企业多元化、产业协同与企业绩效进行研究，选择层次分析法来对指标体系中的权重进行确定。通过相关专家对指标相对重要性的评价，计算每一序参量及其指标的相对权重，以中煤能源为例，评价煤—装备子系统的有序度最高，煤—电子系统次之，煤—化工子系统相对较低（崔涛，2015）。

二、理想解距离模型法

理想解距离模型法（Technique for Order Proference by Similarity to an Ideal Solution，TOPSIS）是一种理想目标相似性的顺序选优技术，在多目标决策分析中是一种非常有效的方法。它通过归一化后的数据规范化矩阵，找出多个目标中最优目标和最劣目标（分别用理想解和反理想解表示），分别计算各评价目标与理想解和反理想解的距离，获得各目标与理想解的贴近度，按理想解贴近度的大小排序，以此作为评价目标优劣的依据（熊琛等，2019）。

（一）模型算法

①设有 n 个子区域待评价的对象，每个对象有 m 个评价指标，则各子区域各指标的数值矩阵 A 为

$$A=\begin{matrix}\text{子区域}1\\ \text{子区域}2\\ \vdots\\ \text{子区域}n\end{matrix}\begin{bmatrix} y_{11} & y_{12} & \cdots & y_{1m}\\ y_{21} & y_{22} & \cdots & y_{2m}\\ \vdots & \vdots & \cdots & \vdots\\ y_{n1} & y_{n2} & \cdots & y_{nm}\end{bmatrix} \tag{9-1}$$

②对原始数据矩阵进行无量纲化处理，构成规范化决策矩阵 B

$$B=\begin{matrix}\text{子区域}1\\ \text{子区域}2\\ \vdots\\ \text{子区域}n\end{matrix}\begin{bmatrix} z_{11} & z_{12} & \cdots & z_{1m}\\ z_{21} & z_{22} & \cdots & z_{2m}\\ \vdots & \vdots & \cdots & \vdots\\ z_{n1} & z_{n2} & \cdots & z_{nm}\end{bmatrix} \tag{9-2}$$

其中，元素 B_{ij} 为

$$B_{ij}=\frac{y_{ij}}{\sqrt{\sum_{i=1}^{n} y_{ij}^{2}}} \qquad i=1,2,\cdots,n;\quad j=1,2,\cdots,m \tag{9-3}$$

③计算加入指标因素权重系数后的规范化加权决策矩阵 $(X_{ij})_{m\times n}$

$$X_{ij}=Z_{ij}\times W_{ij}, \qquad i=1,2,\cdots,n;\quad j=1,2,\cdots,m \tag{9-4}$$

式中，W_j 是第 j 个属性的权重。

④采用客观赋权中的变异系数法来确定各个指标的权重

$$V_{\mathrm{j}}=\frac{S_j}{E\left(b_{ij}\right)}\qquad \left(j=1,2,\cdots,n\right)$$

$$W_{\mathrm{j}}=\frac{V_{\mathrm{j}}}{\sum_{j=1}^{n}V_{\mathrm{j}}}\qquad \left(j=1,2,\cdots,n\right)\tag{9-5}$$

⑤确定理想解

理想解 $\boldsymbol{X}^{+}=\left(X_1^{+},X_2^{+},\cdots X_n^{+}\right)$ 和负理想解 $\boldsymbol{X}^{-}=\left(X_1^{-},X_2^{-},\cdots X_n^{-}\right)$

$$\boldsymbol{X}^{+}=\left\{\left(\max_{\mathrm{i}} X_{ij}\left|\mathrm{j}\in U\right.\right),\left(\min_{\mathrm{i}} X_{ij}\left|\mathrm{j}\in V\right.\right)\middle| i=1,2,\cdots,n\right\}=\left\{X_1^{+},X_2^{+},\cdots X_n^{+}\right\}$$

$$\boldsymbol{X}^{-}=\left\{\left(\min_{\mathrm{i}} X_{ij}\left|\mathrm{j}\in U\right.\right),\left(\max_{\mathrm{i}} X_{ij}\left|\mathrm{j}\in V\right.\right)\middle| i=1,2,\cdots,n\right\}=\left\{X_1^{-},X_2^{-},\cdots X_n^{-}\right\}\tag{9-6}$$

式中，U 代表效益型指标；V 代表成本型指标。

⑥计算欧式距离

每个子区域的各属性数值到正理想解的距离是

$$S_i^{+}=\sqrt{\sum_{j=1}^{m}\left(X_{ij}-X_j^{+}\right)^2}\qquad i=1,2,\cdots,n\tag{9-7}$$

每个子区域的各属性数值到负理想的距离是

$$S_i^{-}=\sqrt{\sum_{j=1}^{m}\left(X_{ij}-X_j^{-}\right)^2}\qquad i=1,2,\cdots,n\tag{9-8}$$

计算每个子区域的协调度 C_i

$$C_i=\frac{S_i^{-}}{S_i^{+}+S_i^{-}}\qquad 0\leqslant C_i\leqslant 1,\quad i=1,2,\cdots,n\tag{9-9}$$

⑦按 C_i 大小将若干区域排列，C_i 值越大，表明越接近理想解，评价区域越接近最优水平，表示该区域协调度越高（苏伟洲，2017）。

（二）应用示例

TOPSIS 非常适合解决概念系统的协同性问题。例如，将协调度的概念引入评价水资源与城市经济社会发展的协调程度，建立指标体系，运用逼近于理想解排序的多目标决策分析方法，构建经济发展、生态环境系统与水资源的协调性测度模型。利用 TOPSIS 方法，对 2003 ~ 2012 年中国 30 个省（直辖市、自治区）城市水资源、人口、经济、生态环境等系统的协调度进行测度，并按照东部、中部、西部和东北四个区域带划分，从时间特征和空间特征两个方面，全面分析中国水资源与城市经济社会协调性发展差异的变动趋势，并结合协调性时空的分布，给出相关的改进措施和政策建议（苏伟洲，2017）。

三、模糊函数法

许多研究认为，协调发展模型是一个定义明确但外延模糊的概念，可以采用模糊数学中的隶属函数进行计算（王蕾，2015）。

（一）模型算法

模糊集的协调度的评价方法大致可以分为五部分，即数据标准化—相关系数—权重计算—静态协调—动态协调，协调度构建评价的方法具体步骤如下。

1. 构建相关的评价体系

经过相关分析计算后确定相关性大、能彼此替代的指标，优化各个指标，建立指标系统。

2. 系统发展水平测度分析

将数据进行标准化处理，公式如下：

$$y_i=\frac{x_i-\min\limits_{1\leqslant j\leqslant n}\left\{x_j\right\}}{\max\limits_{1\leqslant j\leqslant n}\left\{x_j\right\}-\min\limits_{1\leqslant j\leqslant n}\left\{x_j\right\}} \tag{9-10}$$

利用相关系数 r 确定权重系数。当 r 越大时，表示第 i 个指标 x_i 可以被其他指标代替，因此，在综合评价中权重系数就越小（王蕾，2015）。将相关系数 r 求倒数并作归一化处理，得到权重系数 W_i

$$W_i=\frac{\frac{1}{r_i}}{\sum\limits_{i=1}^{n}\frac{1}{r_i}} \tag{9-11}$$

采用加权线性和法计算系统综合发展水平 S，见公式（9–12）

$$S=\sum_{i=1}^{n}w_i\mathrm{x}_i \tag{9-12}$$

式中 s 代表安全系统的发展水平。

3. 系统静态协调度计算

模糊函数计算公式如下：

$$U_s=\exp\left\{-\frac{\left(x-x'\right)^2}{S^2}\right\} \tag{9-13}$$

式中 U_s 为静态协调度，x 为子系统 i 的实际值或发展指数，x' 为协调值，也就是子系统 i 对应的子系统 j 的发展指数，S^2 为方差，可通过建立回归方程求得。

两个系统间的静态协调度计算公式为：

$$U_s(i,j)=\frac{\min\left\{U_s\left(\frac{i}{j}\right),U_s\left(\frac{j}{i}\right)\right\}}{\max\left\{U_s\left(\frac{i}{j}\right),U_s\left(\frac{j}{i}\right)\right\}} \tag{9-14}$$

U_s（i，j）为 i 系统对 j 系统状态的静态协调度，反之，U_s（i，j）为 x_j 系统对 x_i 系统的状态协调度。

4. 系统动态协调度计算

系统动态协调度是衡量各子系统之间相互协调发展程度的指标值，用 U（m（t））表示，用函数表达式为：

$$U\left(m(t)\right)=\frac{1}{T}U_s\left(t-i\right) \tag{9-15}$$

其中，U_s（t–t+1），U_s（t–t+2），...，U_s（t–1），那么 U_s 为系统在（t–1）–t 时刻静态协调度。若后一时刻的值大于前一时刻值，即 U（m（t–1））>U（m（t）），那么说明该系统处于协调发展轨迹上。

5. 协调等级划分

在系统计算完成后，基于给定判断区间判断协调度大小。

（二）应用示例

基于模糊数学协调度的研究已经延伸到多个领域，如煤炭系统、交通系统等。例如，采用模糊方法研究煤炭科学开采系统。针对各子系统进行详细的理论分析，同时说明各系统之间的相互关系。采用 13 个指标以量化的形式说明了指标之间的关系。运用原始数据的无量纲化计算煤炭企业的发展水平，再利用回归分析得出各企业的协调度。然后，根据各系统的发展水平值，利用回归分析、静态和动态相结合的评价方法，给定了

2006 ~ 2013 年系统的综合发展水平值，结论表明，我国煤炭科学开采协调发展呈逐年上升趋势（王蕾，2015）。在对我国运输结构分析与协调性评价研究中，运用自组织理论对综合运输系统的耗散结构特征进行分析，阐述了运输结构演化的自组织和他组织机制，并对运输结构演化进行了系统描述。在此基础上，从社会经济发展、科技进步、宏观调控三个方面对影响运输结构演变的关键因素进行分析，并建立了基于模糊集协调程度指标（李莹英，2010）。

四、熵值 – 复合有序度法

利用信息熵和有序度法，可以对复合系统的协同度进行计算。

（一）模型算法

1. 子系统的有序度计算

系统 $S=\{S_1, S_2, S_3, S_4, \cdots, S_n\}$。每个子系统内的元素为 γ_j（γ_{j1}，γ_{j2}，γ_{j3}，…，γ_{ji}），γ_{ji} 为第 j 个指标的第 i 个样本，j=1，2…，m，i=1，2…，n，m 为指标个数，n 为样本个数。其中，$\alpha_{ji} \leqslant \gamma_{ji} \leqslant \beta_{ji}$，$\alpha_{ji}$、$\beta_{ji}$ 为子系统元素在一个稳定时间段内的下限和上限。

当 γ_{ji} 为正项指标时，随着 γ_{ji} 的增加，系统的有序度增加，则可以定义子系统元素的有序度为：

$$\mu\left(r_j\right)=\frac{r_{ji}-\alpha_{ji}}{\beta_{ji}-\alpha_{ji}}, j=1,2\cdots,m \tag{9-16}$$

当 γ_{ji} 为负项指标时，随着 γ_{ji} 的增加，系统的有序度减小，则可以定义子系统元素的有序度为：

$$\mu\left(\gamma_j\right)=\frac{\beta_{ji}-\gamma_{ji}}{\beta_{ji}-\alpha_{ji}}, j=1,2\cdots,m \tag{9-17}$$

子系统的有序度为子系统各元素有序度的线性加和，则可定义子系统的有序度为：

$$\mu(S)=\sum_{j=1}^{m}\lambda_j\mu\left(\gamma_j\right), \geq 0, \sum_{j=1}^{m}\lambda_j=1 \tag{9-18}$$

其中，λ_j 为各指标的影响权重。

2. 熵值确定权重

熵值的概念来源于热学。热力学过程不可逆性的微观本质和统计意义就是系统从有序趋于无序，从概率较小的状态趋于概率较大的状态。熵是组成系统的大量微观粒子无序度的量度，系统越无序、越混乱，熵就越大。用于信息论中，熵值与信息量呈反比，即信息量越大，反映的不确定性越小，此时熵值也就越小，反之亦然。根据熵值的特性，通过计算熵值来确定某一指标的离散程度，从而体现在指标的权重上。熵值法确定指标权重的步骤如下（张风达，2018）。

① 对各指标做比重变换：$P_{ji}=\gamma_{ji}/\sum_{i=1}^{n}\gamma_{ji}$ （9–19）

② 计算指标 r_j 的熵值：$H_j=-k\sum_{i=1}^{n}P_{ji}\ln(P_{ji})$ （9–20）

式中：$k>0$，$k=1/\ln$（n）

③ 计算指标 r_j 的差异系数：$\alpha_j=1-H_j$ （9–21）

④ 计算指标 r_j 的权重：$\lambda_j=\alpha_j/\sum_{j=1}^{m}\alpha_j$ （9–22）

3. 复合系统的协同度

假定在 t_0 时间，子系统 S_1，S_2，S_3，S_4，⋯，S_n 的有序度分别为 μ^0（S_1），

$\mu^0(S_2)$，$\mu^0(S_3)$，$\mu^0(S_4)$，…，$\mu^0(S_n)$。在 t_1 时间，子系统 S_1，S_2，S_3，S_4，…，S_n 的有序度分别为 $\mu^1(S_1)$，$\mu^1(S_2)$，$\mu^1(S_3)$，$\mu^1(S_4)$，…，$\mu^1(S_n)$。根据复合系统原理，复合系统协同度为：

$$C = \mathrm{sig}(\cdot) \times \sqrt[n]{\left|\mu^1(S_1) - \mu^0(S_1)\right| \times \cdots \times \left|\mu^1(S_n) - \mu^0(S_n)\right|} \tag{9-23}$$

其中：

$$\mathrm{sig}(\cdot) = \begin{cases} 1, \mu^1(S_i) - \mu^0(S_1) \geqslant 0 \cdots \mu^1(S_n) - \mu^0(S_n) \geqslant 0 \text{ 同时成立} \\ -1，\text{其他} \end{cases}$$

复合系统协同度 $C \in [-1，1]$，即协同度 C 的数值越大，表明复合系统的协同发展程度越高。根据复合系统协同度的取值范围，可以划分复合系统的协同发展程度（张风达，2018）。不同协同度对应的系统协同发展状态如下所述。

① 若 $C \in [-1，0.3]$，则认为复合系统处于无协同或低水平的初期协同发展状态。

② 若 $C \in [0.3，0.8]$，则认为复合系统处于中期协同发展状态。

③ 若 $C \in [0.8，1]$，则认为复合系统处于高水平的后期协同发展状态。

（二）应用示例

不少研究采用了复合有序度法进行系统的协同度分析。例如，在对中国产业结构演化动力子系统间的有序度分析中，将中国产业结构演化系统分为四个子系统并选取变量，建立复合有序度模型评价中国产业结构演化动力系统中子系统间的有序状况（范德成等，2016）。结果表明，中国产业结构演化动力系统中子系统的有序度发展状况不佳，而且各子系统的有序度决定了中国产业结构演化动力系统的子系统有序度。

综上所述，协同评价不同方法的适用范围、特点均有所差异，其方法比对见表 9-1。

表9-1　　　　几种协同评价方法的比较

名称	特点	缺点
层次分析法	面对具有层次结构的整体问题综合评价，采取逐层分解，变为多个单准则评价问题，在多个单准则评价的基础上进行综合，有助于挖掘出深层次的、实质性的综合信息作为决策支持，便于决策	层次分析法要进行多层比较的时候需要给出一致性比较，如果不满足一致性指标要求，此方法就失去了作用。采用专家打分法赋权重主观性强
理想解距离模型法	根据有限评价对象与理想化目标接近程度进行排序，对原始数据利用最充分	矩阵运算量相对较大；对离散型数据协同发展的体现程度不够
模糊函数法	模糊综合评判既可用于主观指标的综合评判，又可用于客观指标的综合评判	对具备关联要素之间的系统协调度体现程度不够，不能体现系统混乱程度
熵值-复合有序度法	采用熵值判断某个指标的离散程度，对多系统评价可直接定量，并以此计算整体系统的复合有序度	选择指标相对变化差异性较大的情况，结论易出现偏差

第二节　“四元”协同评价模型

一、大同矿区“四元”协同发展指标体系

（一）指标选取原则

1. 科学性原则

指标体系结构的拟定、指标的取舍、公式的推导等都要有科学的依据。只有坚持科学性的原则，获取的信息才具有可靠性和客观性，评价的结果

才具有可信性（刘丽静，2007）。

2. 系统性原则

指标体系要包括系统安全所涉及的众多方面，使其成为一个系统。

相关性——要运用系统论的相关性原理不断分析，而后，组合设计评价指标体系；

层次性——指标体系要形成阶层性的功能群，层次之间要相互适应并具有一致性，要具有与其相适应的导向作用，即每项上层指标都要有相应的下层指标与其相适应。

整体性——不仅要注意指标体系整体的内在联系，而且要注意整体的功能和目标（刘丽静，2007）。

3. 可获取性原则

指标的设计要求概念明确、定义清楚，能方便地采集数据与收集情况。而且，指标的内容不应太繁太细，过于庞杂和冗长，否则会给评价工作带来不必要的麻烦（刘丽静，2007）。

整体看来，以上原则是相互关联的。指标体系的设计必须符合科学性的原则，而科学性原则又要通过系统性来体现。在满足系统性原则之后，还必须满足可获取性原则。上述各项原则都要通过定性与定量相结合的原则才能体现（陈英义，2005）。

（二）指标要素分析

为了更好地分析产业之间的协同关系，充分考虑产品协同、规模协同、技术协同、市场协同、管理协同和无形资产协同等因素，在以上内容中选取一定的指标作为协同度测量的重要参考依据。

1. 产品协同

主要是指企业各个产业板块之间为了实现更好的资源利用，通过产业之间产品的相互利用，实现交易成本的降低。主要包括产品性能和产品相互利用程度两个要素。产品性能是指产品在一定条件下，实现预定目的或者规定用途的能力，比如不同煤炭产品的热值不同，在同样条件下能够产生的电量就不一样，这就是产品性能上的差异。产品相互利用程度是指产业产品能够被相关产业利用的程度。

2. 规模协同

主要是指企业上下游产业或产品的规模在发展水平、匹配程度等方面所能达到的协调一致的程度。主要包括产业集聚效应、产业产能匹配程度、产业联合风险抵抗能力和成本降低效应。

3. 技术协同

主要指企业的专利技术等知识产权类无形资产注入目标产业，提高目标产业的生产效率和产品质量，使目标企业获得价值增量而产生协同效应。该协同要素主要包括技术扩散和技术创新。

4. 市场协同

市场协同是指产业联合后竞争力增强，导致联合后的企业绩效高于单独产业绩效之和，其主要来源包括节约成本、强化收入和节约资本支出。成本节约包括税金节约、原料投入节约等；强化收入指产业联合后增加产品的附加价值，为企业赢得更高的效益；节约资本支出取决于公司资本项目的类型和重复的程度，这种效应较难取得。

5. 管理协同

主要是指产业联合之后给企业管理活动在效率方面带来的变化及效率的提高所产生的效益。该指标涉及企业中最活跃的因素——人。该要素受组织经验和组织资本两个主要因素影响。组织经验是在企业内部通过对经验的学习而获得的员工技巧和能力的提高，而组织资本专指企业特有的知识资产，主要包含文化、核心竞争力、人员、信息等多方面要素。

6. 无形资产协同

无形资产协同是指在产业结合过程中输入无形资产，提高产业的生产经营效率，从而使产业联合的总体效益得到增加。该要素包括品牌协同效应、技术协同效应、文化协同效应和核心竞争力培育效应。

从以上六个指标要素可以看出，产业之间的协同涉及了诸多方面的要素，但是产业的独特性导致产业之间的协同要素是不一致的，因而选取的指标也是不相同的。为了确保指标能准确地描述产业之间的相关要素，本小节对各个产业系统进行指标的选取，以满足其独特性（崔涛，2015）。

（三）协同发展评价指标体系的建立

大同矿区按照“四元”协同发展的特点分别从新老矿井协同、煤炭开发与利用协同、新兴产业与传统产业协同发展、环境与经济协同发展四个方面确定相应的评价指标体系（见表 9-2）。

表9-2　　大同矿区“四元”协同发展评价指标

<table>
<tr><th colspan="4"></th><th colspan="2">指标</th></tr>
<tr><td rowspan="26">环境与经济协同</td><td rowspan="18">新兴产业与传统产业协同</td><td rowspan="14">煤炭开发与利用协同</td><td rowspan="6">新老矿井协同</td><td colspan="2">侏罗系煤炭产量所占煤炭总产量比例（%）</td></tr>
<tr><td colspan="2">石炭系煤炭产量所占煤炭总产量比例（%）</td></tr>
<tr><td colspan="2">千万吨矿井数量（座）</td></tr>
<tr><td colspan="2">千万吨矿井产量所占煤炭总产量比例（万吨）</td></tr>
<tr><td colspan="2">煤炭产量（万吨）</td></tr>
<tr><td colspan="2">综合单产水平（吨/（个·月））</td></tr>
<tr><td rowspan="8">煤炭利用</td><td colspan="2">发电装机容量（万千瓦）</td></tr>
<tr><td colspan="2">发电量（亿千瓦时）</td></tr>
<tr><td colspan="2">电厂用煤总量（万吨）</td></tr>
<tr><td colspan="2">电力产业营业收入（万元）</td></tr>
<tr><td rowspan="3">循环经济园区</td><td>工业总产值（万元）</td></tr>
<tr><td>利润（万元）</td></tr>
<tr><td>上缴税额（万元）</td></tr>
<tr><td colspan="2">供热机组（万千瓦）</td></tr>
<tr><td colspan="2" rowspan="4">新兴产业</td><td colspan="2">新兴产业对传统产业的融资支持情况（%）</td></tr>
<tr><td colspan="2">新兴产业对传统产业的销售带动（%）</td></tr>
<tr><td colspan="2">传统产业对新兴产业的资金支持情况（%）</td></tr>
<tr><td colspan="2">传统产业与新兴产业人员融合情况（%）</td></tr>
<tr><td colspan="3" rowspan="8">环保文旅产业</td><td colspan="2">节能环保产业营业收入（万元）</td></tr>
<tr><td colspan="2">节能环保产业利润（万元）</td></tr>
<tr><td colspan="2">矸石利用率（%）</td></tr>
<tr><td colspan="2">矿井水利用率（%）</td></tr>
<tr><td colspan="2">空气质量优良率（%）</td></tr>
<tr><td colspan="2">旅游产业营业收入（万元）</td></tr>
<tr><td colspan="2">旅游产业利润（万元）</td></tr>
<tr><td colspan="2">全年接待游客数量（人）</td></tr>
</table>

二、大同矿区“四元”协同发展评价模型建立

从大同矿区“四元”协同发展评价指标体系可以看出：指标体系涉及4个方面、31个指标，评价指标体系呈现出影响因素多，各产业之间在数学层面无较为直观的逻辑关系，各影响因素之间缺乏服从某一种分布的特征。为了科学、合理评价“四元”产业协同程度，结合表9–1所述层次分析法、理想解距离模型法、模糊函数法、熵值–复合有序度法等多元协同评价方法的优缺点，分析选择既能将多类指标进行层级划分，而且各指标权重的选择又充分体现了大同矿区产业变化客观规律的评价方法——熵值–复合有序度法。

根据大同矿区“四元”协同发展的产业实践，将系统$S=\{S_1, S_2, S_3, S_4, \cdots, S_n\}$中$n$确定为4。即新老矿井协同发展模型$S_1$、煤炭开发与利用协同发展模型$S_2$、新兴产业与传统产业协同发展模型$S_3$、环境与经济协同发展模型$S_4$作为一个复合系统，将新老矿井协同发展模型$S_1$、煤炭开发与利用协同发展模型$S_2$、新兴产业与传统产业协同发展模型$S_3$、环境与经济协同发展模型$S_4$各作为一个子系统。则$S=\{S_1, S_2, S_3, S_4\}$。每个子系统内的元素为$\gamma_j(\gamma_{j1}, \gamma_{j2}, \gamma_{j3}, \cdots, \gamma_{ji})$，$\gamma_{ji}$为第$j$个指标的第$i$个样本，$j=1, 2, \cdots, m$，$i=1, 2, \cdots, n$，$m$为指标个数，$n$为样本个数。其中，$\alpha_{ji} \leqslant \gamma_{ji} \leqslant \beta_{ji}$，$\alpha_{ji}$、$\beta_{ji}$为子系统元素在一个稳定时间段内的下限和上限。

假定在t_0时间，子系统S_1，S_2，S_3，S_4的有序度分别为$\mu^0(S_1)$，$\mu^0(S_2)$，$\mu^0(S_3)$，$\mu^0(S_4)$。在t_1时间，子系统S_1，S_2，S_3，S_4有序度分别为$\mu^1(S_1)$，$\mu^1(S_2)$，$\mu^1(S_3)$，$\mu^1(S_4)$。结合复合系统原理，建立大同矿区“四元”协同发展评价模型：

$$
\begin{cases}
C=\mathrm{sig}(\cdot)\times\sqrt[5]{\left|\mu^1(S_1)-\mu^0(S_1)\right|\times\left|\mu^1(S_2)-\mu^0(S_2)\right|\times\cdots\times\left|\mu^1(S_4)-\mu^0(S_4)\right|} \\
\mathrm{sig}(\cdot)=\begin{cases}1,\mu^1(S_1)-\mu^0(S_1)\geqslant 0\text{、}\mu^1(S_2)-\mu^0(S_2)\geqslant 0\text{、}\mu^1(S_3)-\mu^0(S_3)\geqslant 0\text{、} \\ \mu^1(S_4)-\mu^0(S_4)\geqslant 0\text{同时成立} \\ -1\text{，其他}\end{cases} \\
\mu(S)=\sum_{j=1}^{m}\left[\dfrac{1+k\sum_{i=1}^{n}\dfrac{r_{ji}}{\sum_{i=1}^{n}r_{ji}}\ln\left(\dfrac{r_{ji}}{\sum_{i=1}^{n}r_{ji}}\right)}{\sum_{j=1}^{m}\left[1+k\sum_{i=1}^{n}\dfrac{r_{ji}}{\sum_{i=1}^{n}r_{ji}}\ln\left(\dfrac{r_{ji}}{\sum_{i=1}^{n}r_{ji}}\right)\right]}\dfrac{r_{ji}-\alpha_{ji}}{\beta_{ji}-\alpha_{ji}}\right], r_{ji}\text{为正项指标，}j=1,2\cdots,m\text{，}i=1,2\cdots\text{，}n \\
\mu(S)=\sum_{j=1}^{m}\left[\dfrac{1+k\sum_{i=1}^{n}\dfrac{r_{ji}}{\sum_{i=1}^{n}r_{ji}}\ln\left(\dfrac{r_{ji}}{\sum_{i=1}^{n}r_{ji}}\right)}{\sum_{j=1}^{m}\left[1+k\sum_{i=1}^{n}\dfrac{r_{ji}}{\sum_{i=1}^{n}r_{ji}}\ln\left(\dfrac{r_{ji}}{\sum_{i=1}^{n}r_{ji}}\right)\right]}\dfrac{\beta_{ji}-r_{ji}}{\beta_{ji}-\alpha_{ji}}\right], r_{ji}\text{为负项指标，}j=1,2\cdots,m\text{，}i=1,2\cdots\text{，}n
\end{cases}
\tag{9-24}
$$

第三节 “四元”协同成效

大同矿区通过“四元”协同发展模式的实践，突出了协同发展，彰显了大同矿区特色；建设了先进产能，形成了大同矿区优势；走出了“发展煤、延伸煤、超越煤”的大同矿区路径；建起了多领域、全方位的人才高地；

提升了大同矿区品牌效应和市场竞争力；完成了煤炭产量、电力装机容量、投资总额、资产总额、营业收入、人均工资“六个翻番”。

一、突出协同发展，彰显大同矿区特色

为进一步评价大同矿区的协同效应，特选取表 9–2 中各指标对应的 2011 ~ 2019 年数据，进行测算。

为消除数据不同量纲对指标的影响，对其进行均值 – 标准差化的标准化处理：

$$\gamma_{ji}' = \frac{r_{ji} - \overline{r_j}}{S_j} \quad (9\text{–}25)$$

其中，γ_{ji}' 为标准化数据，$\overline{\gamma_j}$ 为 γ_{ji} 的均值，S_j 为 γ_{ji} 的标准差。运用公式（9–25）对表 9–2 中指标进行数据标准化处理，具体结果如表 9–3 所示。

表9-3　　大同矿区转型协同发展指标的标准化

指标 \ 年份	2011	2012	2013	2014	2015	2016	2017	2018
侏罗系煤炭产量所占煤炭总产量比例	1.6592	0.8362	0.2548	−0.6046	−0.7195	−0.1734	−1.2528	−1.2478
石炭系煤炭产量所占煤炭总产量比例	−1.6592	−0.8362	−0.2548	0.6046	0.7195	0.1734	1.2528	1.2578
千万吨矿井数量	−1.5119	−0.7559	−0.7559	0.3780	0.7559	0.7559	1.1339	1.1389
千万吨矿井产量所占煤炭总产量比例	0.5147	−1.1587	0.0541	−0.6214	−1.0461	0.7040	1.5535	1.5585
煤炭产量	−1.0620	−0.3179	0.2751	1.1822	1.4390	−0.9547	−0.5617	−0.5567
综合单产水平	−1.1828	−0.5484	−0.2952	−1.0179	0.9930	1.2342	0.8171	0.8221
发电装机容量	−1.6696	−0.9581	−0.2305	0.3464	0.7492	0.8245	0.9381	0.9431
发电量	−2.0943	−0.2264	0.0325	0.6156	0.6226	0.1759	0.8741	0.8791
电厂用煤总量	−1.4571	−1.3214	0.0669	0.6059	0.7256	0.3153	1.0646	1.0696
电力产业营业收入	−1.4986	−1.2877	0.7584	0.8988	0.3021	0.0395	0.7875	0.7925

续表

指标＼年份		2011	2012	2013	2014	2015	2016	2017	2018
循环经济园区	工业总产值	1.0486	0.7387	-0.8369	-0.7699	-0.4992	-1.0157	1.3344	1.3394
	利润	1.5449	0.4904	0.2105	0.1554	-1.1895	-1.3659	0.1542	0.1592
	上缴税额	0.9664	1.5413	0.0561	-0.4541	-1.1496	-1.0711	0.1109	0.1159
供热机组		-1.5102	-0.7406	-0.7406	0.4673	0.4673	0.8414	1.2155	1.2205
新兴产业对传统产业的融资支持情况		-1.2420	-0.9669	-0.6367	0.0236	0.4088	1.0690	1.3442	1.3492
新兴产业对传统产业的销售带动		-1.4216	-0.9185	-0.3035	-0.1917	0.4792	1.1501	1.2060	1.211
传统产业对新兴产业的资金支持情况		-1.1731	-0.9917	-0.5833	-0.1296	0.3694	1.2315	1.2768	1.2818
传统产业与新兴产业人员融合情况		-1.2876	-1.0565	-0.5365	-0.0165	0.6768	1.0235	1.1968	1.2018
节能环保产业营业收入		-1.0992	-1.0006	-0.6837	-0.0265	0.2599	1.2364	1.3138	1.3188
节能环保产业利润		-1.0702	-0.6957	-0.5191	-0.3639	-0.1592	1.3872	1.4209	1.4259
矸石利用率		-1.1614	-0.9890	-0.5778	-0.3259	0.7484	1.0666	1.2391	1.2441
矿井水利用率		-1.1088	-0.8871	-0.2957	-0.4435	0.1478	0.8871	1.7002	1.7052
空气质量优良率		-1.3214	-0.9413	-0.6878	0.0724	0.7059	0.9594	1.2128	1.2178
旅游产业营业收入		-1.2420	-0.9669	-0.6367	0.0236	0.4088	1.0690	1.3442	1.3492
旅游产业利润		-1.4216	-0.9185	-0.3035	-0.1917	0.4792	1.1501	1.2060	1.211
全年接待游客数量		-1.1731	-0.9917	-0.5833	-0.1296	0.3694	1.2315	1.2768	1.2818

运用熵值法的计算公式（9-19）~（9-22），给出各指标的影响权重，具体见表9-4。

表9-4　　大同矿区转型协同发展的权重分布情况

指　标	影响权重
侏罗系煤炭产量所占煤炭总产量比例	0.156911415
石炭系煤炭产量所占煤炭总产量比例	0.110842681
千万吨矿井数量	0.12813736
千万吨矿井产量所占煤炭总产量比例	0.195816067
煤炭产量	0.218155103

续表

指　标		影响权重
综合单产水平		0.190137373
发电装机容量		0.182623307
发电量		0.135048732
电厂用煤总量		0.245193157
电力产业营业收入		0.231445615
循环经济园区	工业总产值	0.192185583
	利润	0.124146411
	上缴税额	0.158775845
供热机组		0.205689189
新兴产业对传统产业的融资支持情况		0.258143111
新兴产业对传统产业的销售带动		0.206647304
传统产业对新兴产业的资金支持情况		0.283770205
传统产业与新兴产业人员融合情况		0.251439381
节能环保产业营业收入		0.093863645
节能环保产业利润		0.081262794
矸石利用率		0.079947601
矿井水利用率		0.078973785
空气质量优良率		0.06491452
旅游产业营业收入		0.070712564
旅游产业利润		0.056606433
全年接待游客数量		0.077732537

将标准化后的数据及指标权重代入公式（9–18），计算得出各子系统的有序度，并将其带入公式（9–24）中，计算得出各子系统和整体的协同度，具体如图 9–1 和图 9–2 所示。

从图 9–1 可以看出：

①新老矿井协同度呈现波动上升的趋势，协同度由 0.29 提高到 0.64，处于低水平协同向中期协同发展阶段，说明老矿井协同发展态势和发展前景较好，但仍未达到高水平协同状态，未来仍有较大提升空间，新旧资源

转换仍有可为。

②受宏观经济和市场影响，煤炭开发与利用协同度波动幅度较大（在0.3 ~ 0.5 范围内波动），在波动中实现进一步协同发展，2017 年协同度0.86，处于高水平协同阶段。煤炭开发与利用协同度的大幅提升，推进了大同矿区的整体发展和协同。与全国煤炭发展形势相比，大同矿区的煤炭开发与利用协同度相对稳定，协同效果提高了企业的抗风险能力，尤其是在 2018 年电力装机容量提升明显，在煤价低迷煤电一体化优势突显。

③新兴产业与传统产业协同度呈现快速增长，协同度从 0.17 提高到0.93，2018 年进入高水平协同的平台期。说明经过 2012 年、2013 年的发展，新兴与传统产业快速融合，促进了协同发展和互相支撑促进。

④环境与经济协同度呈现稳步上升的趋势，协同度从 0.11，提高到0.94，达到了高水平协同状态。说明经过多年的发展，大同矿区已经形成了环境、经济互融互通、共同发展的格局。

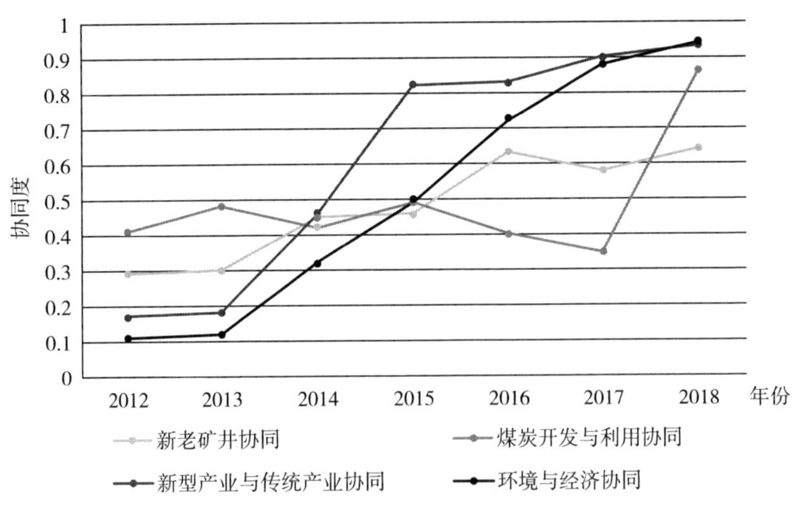

图9-1　大同矿区各子系统协同度情况

从图 9-2 可以看出，大同矿区通过战略布局、高瞻远瞩定位，成功引导企业由以煤为主的产业结构类型向多元化产业协同转变，各产业间协同度从 2012 年的 0.112 上升到 2018 年的 0.735，大同矿区产业协同度大幅提升，实现了集团发展稳步上升。

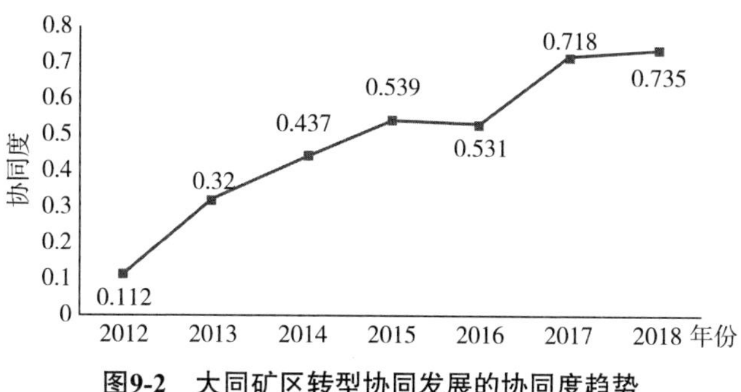

图9-2 大同矿区转型协同发展的协同度趋势

二、建设先进产能，形成大同矿区优势

多年来，大同矿区坚持“四元”协同发展，更注重培育优质产能，推动煤炭产业转型升级、稳步发展。大同矿区先后培育了 10 座千万吨级的先进产能矿井，“1000 万吨产量，1000 人，10 亿利润”，产量占矿区总产量的 53.5%，这就是千万吨级矿井体现出的集群优势。先进产能占比从 2011 年的 20% 提高到 2018 年的 61.7%，千万吨级矿井集群的建设，提升了大同矿区整体的生产效率，使大同矿区在市场竞争中，具备更好的抗风险能力、更多的市场话语权、更强的竞争力。

三、立足煤炭产业，走出大同矿区路径

通过实施“四元”协同发展模式，大同矿区走出了一条“发展煤、延伸煤、超越煤”的发展路径。

大同矿区发展煤，成功重组漳泽电力，走深度融合的煤电一体化道路，

实现煤电联营，增强了企业抵御市场风险的能力。在做大电力的征程中，大同矿区人“追风逐日”，大力发展风电、光电，开启了绿色能源产业的新纪元。2011 年起，大同矿区电力装机容量增长、发电量和销售收入呈现良好的增长态势，具体见图 9–3 和图 9–4。

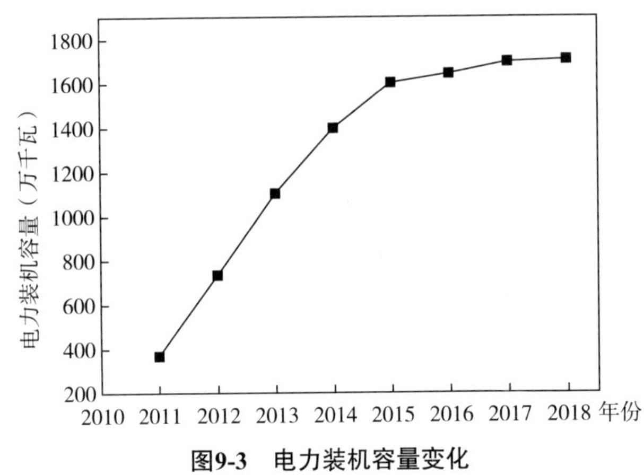

图9-3　电力装机容量变化

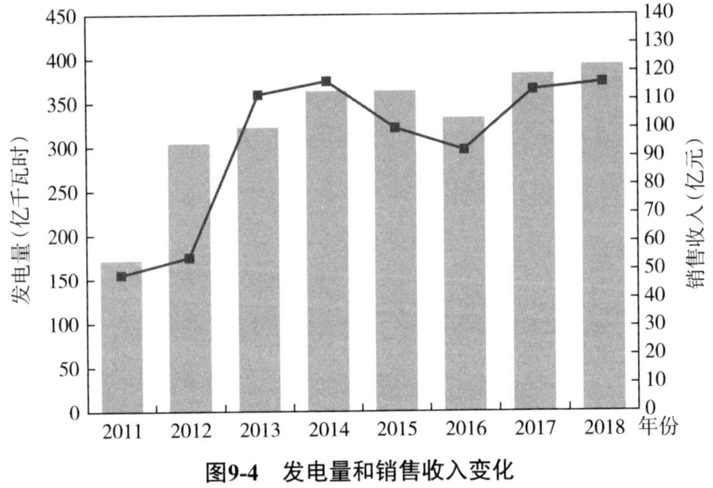

图9-4　发电量和销售收入变化

大同矿区延伸煤，成功建成以“黑色煤炭、绿色开采；有限资源、无限利用；高碳产业、低碳技术”为特点的塔山循环经济园区，形成了“煤—电”“煤—化工”和“煤—建材”的完整产业链（郝建成等，2012）。塔山园区从 2007 年初步见效，到 2018 年共创造利润 299.43 亿元，上缴税费

236 亿元。以此为样本，大同矿区开工建设了 5 个百亿元循环经济园区，打造纵横交错的立体式循环经济框架，实现可持续发展。

大同矿区超越煤，不仅局限于煤矿产业，还以煤为基，形成了电力、金融、物流贸易、机械制造、文化旅游等多业并举、优势互补的上下游产业链，各产业间协同度不断提升，推动企业向特大型综合能源集团迈进。

四、培育优质人才，建起大同矿区高地

通过实施“四元”协同发展模式，大同矿区建成了多领域、全方位的“高学历、高职称、低年龄”人才队伍，人才结构日趋合理，人才队伍初具规模，这一队伍成为大同矿区的智囊团、攻关队，为大同矿区升级产业结构、转型跨越发展和增强综合竞争力提供了强有力的支撑和保证。其中，1 人获得“三晋学者”称号，2 人入选山西省后备院士，54 人享受国务院特殊津贴，1 人入选国家百千万人才工程，1 人获孙越崎青年科技奖，4 人获中国煤炭青年科技奖，2 人当选山西省新兴产业领军人才，30 人当选山西省学术技术带头人，66 人被聘为集团公司首席高级工程师，137 人被聘为首席工程师，102 人被聘为首席技能大师。

五、筑牢发展根基，打造大同矿区品牌

大同矿区通过“四元”协同发展，积极布局煤炭相关产业，稳步推进老矿区的转型发展，加快产品结构调整步伐，狠抓市场开拓，提升产品质量，健全服务保障，全面提升了大同矿区品牌效应和市场竞争力，完成了煤炭产量、电力装机容量、投资总额、资产总额、营业收入、人均工资“六个翻番”，实现了快速、优质增长；确保了在煤炭行业

市场相对较差的情况下，企业发展稳定、员工收入稳定、项目建设稳定、矿区和谐稳定。

“十二五”时期是大同矿区发展很不平凡的时期，大同矿区努力克服煤炭市场持续低迷、煤炭价格大幅下滑等不利因素，经受住了经济发展新常态的严峻考验，取得了可喜的成就。大同矿区通过“四元”协同发展，实现了稳步转型，当前处于中期协同发展状态（见图 9-5）。大同矿区连续 5 年入选世界 500 强企业，且排名基本稳步提升。截至 2018 年底，大同矿区在世界 500 强中排名第 497 位，在全国煤炭 100 强中排名第 10 位，在煤炭产量 50 强中排名第 10 位。先后荣获了中国工业大奖表彰奖、全国“五一”劳动奖状、全国文明单位、全国先进基层党组织、全国社会扶贫先进集体等国家级荣誉。

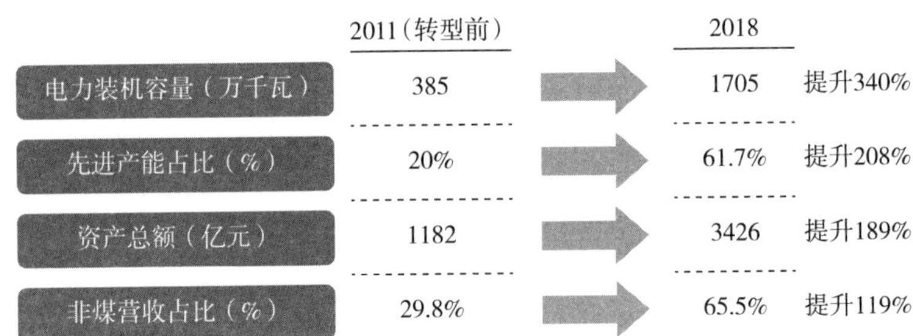

图9-5　大同矿区主要指标变化情况

第四节　“四元”协同未来发展分析

从全球趋势来看，新一轮科技革命和产业革命正在孕育兴起，信息技术呈现出新的发展态势，即新技术替代旧技术，智能型技术替代劳动密集型技术趋势明显（李梦，2018）。

大同矿区的融合生长理念和“四元”协同发展模式是大同矿区多年来转型发展的经验结晶，不断提引着未来大同矿区的转型发展之路。为进一步明晰大同矿区转型协同发展方向，本节以2020年为预测值，测算“四元”协同度变化情况，从而为大同矿区转型发展提供借鉴。根据“四元”协同评价体系，将新老矿井协同、煤炭开发与利用协同、新兴产业与传统产业协同、环境与经济协同程度提升至15%进行测算，具体见表9-5。

表9-5　　不同情景下大同矿区协同度变化

情景分析		2018年协同度	2020年协同度	协同度增加幅度
情景1	新老矿井协同开发增长15%	0.735	0.785	9.33%
情景2	煤炭开发与利用协同增长15%	0.735	0.731	1.81%
情景3	新兴产业与传统产业协同增长15%	0.735	0.731	1.81%
情景4	环境与经济协同增长15%	0.735	0.729	1.53%

根据不同的情景分析可以看出，首先，新老矿井开发增长15%有助于提升大同矿区“四元”协同的协同度9.33%；其次，煤炭利用与开发协同、新兴产业与传统产业协同增长15%有助于提升大同矿区“四元”协同的协同度1.81%；最后，环境与经济协同增长15%有助于提升大同矿区“四元”协同的协同度1.53%。

结合“四元”协同评价模型研究分析可知，新老矿井协同开发作为大同矿区的重中之重，加大千万吨级矿井建设，提高千万吨级煤矿产量、综合单产水平，增加协同内生驱动力，可较大程度上提升大同矿区“四元”协同度。在煤炭开发与利用协同方面，加大大同矿区煤电一体化规模发展，实现煤炭板块和电力板块规模、效益协同发展，减少边际成本，有助于提升大同矿区整体抗风险能力。此外，加大循环经济园区建设也是煤炭开发与利用协同发展的重点。大力发展旨在提升大同矿区三大核心竞争力的新兴产业，大力发展金融产业、物贸产业，为大同矿区转型发展提供基础保障条件，且其发展规模应当与大同矿区传统产业发展规模相匹配。为实现大同矿区新旧动能转化，发展文化旅游等产业，有助于进一步优化大同矿区的产业结构。因此，为提高大同矿区核心竞争力，保障整体抗风险能力，首先是发展新老矿井协同，其次是发展煤炭开发与利用协同、新兴产业与传统产业协同相关产业，确保千万吨级矿井、煤电一体化、循环经济园区三大核心竞争力的稳步发展，促进大同矿区转型升级。

展望未来，大同矿区继续坚持走“四元”协同发展之路，打造“36951”战略体系，朝“十四五”迈进。

1.“3”——就是做好“加、减、乘”三篇文章

（1）加。

①煤炭产业：走“减、优、绿”发展路子，核增产能、技术改造、建设新矿、搞好物流，增加销量、增加收入、增加利润。

②电力产业：上大电厂、发展新能源、进行股权投资，利用好上市公司平台，提高效益。

③现代煤化工产业：建设烯烃、煤制气等新项目，扩大规模。

④金融产业：加大资本运作、股权投资，做大金融盘子，优化金融资产。

（2）减。

①完成煤炭去产能“十三五”目标。

②电力上大压小，产业升级。

③优化成本，降低消耗，提高效益。

④“僵尸企业”出清。

⑤“三供一业”、医院、学校分离。

⑥老矿封闭残旧采区、工作面。

⑦推广无煤柱、小煤柱开采，减少资源浪费。

⑧降低负债率。

⑨清理无效投资。

⑩降低应收账款。

（3）乘。

①推进采矿权证券化。

②推进市场化债转股。

③推进项目股权多元化。

④培育上市公司，特别是新三板上市公司。

⑤向漳泽电力、大同煤业两个上市公司装项目，提高资产证券化率。

⑥做好“腾笼换鸟”项目。

⑦进行大部制改革，推广事业部制。

⑧医院、职业技术学院、铁路、物流、非煤产业进行改革，板块化、市场化运作。

⑨推进人事制度改革。

⑩推进企业精神重塑、文化重塑。

2.“6”——就是逐步形成六大产业体系

（1）“一主”，就是做强做优煤炭这一主业。

继续建大矿、建好矿，对有条件的矿进行延深和流程再造。到“十三五”末，先进产能占比达到80%以上，煤炭产量实现1.5亿吨，销量实现2亿吨。“十四五”末，煤炭产量实现2亿吨，销量实现3亿吨。

（2）“三辅”，就是做大做强电力、金融、现代煤化工三大辅业。

①电力产业。持续调整优化电力产业结构，上大压小、淘汰落后产能，建设大容量、高参数火电机组。积极发展光伏、风电等新能源项目。到“十三五”末，电力装机容量达到2000万千瓦，“十四五”末，达到

3000万千瓦。

②金融产业。全力预防金融风险，金融产业板块要形成规模效益，紧紧围绕服务集团公司实体经济，做大做强金融产业。到“十三五”末，金融资产达到400亿元，“十四五”末，达到500亿元。

③现代煤化工产业。严格遵循“工艺（设备）成熟、技术成熟、项目成熟、市场成熟”的原则，稳妥实施煤制天然气、煤制甲醇、煤制烯烃等现代煤化工项目，拉长煤化工产业链，提升产品附加值，大力建设晋北煤化工基地，申报省级开发区，着力走好现代煤化工产业突破和升级的路子。到“十三五”末，现代煤化工产业销售收入达到20亿元，“十四五”末，达到100亿元。

（3）“两新”，就是逐步发展文旅、物流产业。

根据企业发展需要，对照省国资委下发的“一主、三辅、两新”产业目录，将“两新”产业中体量较小的节能环保产业并入电力产业，将以风电和光伏为主的新能源产业，也并入电力产业。同时，抓住大同市企地协同发展的机遇，加快转型，逐步发展文旅、物流产业，形成新的经济增长点。

3.“9”——就是以九大重点项目集群为支撑

建设煤制天然气配套资源（潘家窑、大西庄和刘家窑）项目、漳泽百万电厂项目、北辛窑百万扶贫电厂项目等九大项目。

4.“5”——就是以“更严、更好、更高、更强、更优”五大目标为引领

（1）更严。

①主动扛起从严管党治党责任，落实好“两个责任”，形成风清气正、

干事创业的良好环境。

②坚持“严管就是厚爱”的原则，培养选拔优秀年轻干部队伍，建立后备人才库，改变干部老化、人员素质偏低、文化程度偏低的状况。

③培育严管理、高效率的企业精神和文化。

（2）更好。

培养一大批综合素质好的优秀年轻干部。到“十三五”末，第一学历是本科以上的中层干部占比达到50%以上，“十四五”末，占比达到70%以上。

（3）更高。

各项指标更高，效率、效益更高。

（4）更强。

煤炭、电力、金融、现代煤化工产业更强。

（5）更优。

成本优、管理优、企业机制体制优。

5.“1”——就是实现“创新、和谐、富强、振兴”这一战略构想

（1）创新。

就是精神文化创新、制度管理创新、战略改革创新，建设创新的新时代大同矿区。

（2）和谐。

就是矿区风气和谐、信访稳定和谐、思想认识和谐，建设和谐的新时代大同矿区。

（3）富强。

就是煤炭、电力、现代煤化工、非煤、金融做优做强，对标行业企业，

各项工作指标一流，职工收入逐步提高，建设富强的新时代大同矿区。

（4）振兴。

就是知名度、信誉度享誉国内外，世界500强排在300名以内，国内煤炭行业排名前三，国内电力行业排名前十，奠定产业转型基础，培育一个新兴支柱产业，开发一个具有影响力的新产品，建设振兴的新时代大同矿区。

第十章

大同矿区“四元”协同发展模式价值意义

“四元”协同发展模式给大同矿区带来了全新的面貌：提升了企业抗风险能力、取得了丰硕的科技成果、获得了众多奖励与荣誉。“四元”协同发展模式是大同矿区人智慧和精神的集中体现，它践行了新时代高质量发展理念，发展了煤炭企业转型升级的理论与实践，开拓了煤炭老矿区可持续发展之路，为我国煤炭企业转型发展提供了借鉴。

第一节　大同矿区老矿区转型发展典型性

大同矿区自“十二五”以来，开始探索从“一煤独大”的传统资源型企业向“多元协同发展”的现代化大集团转型，走出了一条煤炭企业转型协同发展的新路径，是我国煤炭老矿区转型发展的典型代表。

一、大同矿区发展与我国煤炭工业的发展一脉相承

大同矿区是我国最大的动力煤生产企业之一和煤电高度一体化的综合性、现代化能源大集团，是国家晋北超大型煤炭基地的发展主体，其发展历程与煤炭工业发展一脉相承（见表 10–1）。

表10-1　　大同矿区与我国煤炭工业发展对照

发展阶段	大同矿区	煤炭工业
政策扶持，企业迅速崛起（1949～1995年）	1949年大同矿务局成立，经过20世纪50年代的恢复建设，企业煤炭产量在1959年突破1000万吨大关。1985年煤炭产量达到3080万吨，是国内唯一的年产突破3000万吨的特大型煤炭企业	煤炭工业稳步发展阶段。煤炭工业按照“大中小一起上”精神，大力发展煤炭生产，缓解了煤炭供求紧张局面
煤炭市场疲软，发展陷入困境（1996～2001年）	全国煤炭市场供大于求，企业只能以销定产，产量大幅下滑，应收账款居高不下，资金周转困难。再加上企业历史久、人员多、负担重以及企业办社会等多种因素的影响，一度陷入困境	煤炭工业发展困难阶段。由于小煤矿数量迅速增加，煤炭价格陷入低谷，导致煤炭企业大面积亏损，煤炭工业发展举步维艰
市场转暖，企业高速发展（2002～2012年）	大同矿区的经营情况出现较大幅度好转。2005年末，大同矿区公司产销量突破1亿吨大关，成为全国特大型煤炭集团，销售收入、税收、利润大幅上升	煤炭工业快速发展阶段。随着煤炭市场化改革不断深入，资源整合力度不断加强，大基地和大集团建设步伐加快，煤炭价格快速攀升，行业利润大幅增长，煤炭工业投资大幅增加，竞争力显著提高
转型发展，建设新大同矿区（2013～2017年）	大同矿区通过大力实施转型发展战略路径，在煤炭形势下行的情况下，仍保持了较好的经营势头，综合实力进一步提升，产业结构进一步优化升级	煤炭工业探索转型阶段。各大煤炭企业纷纷对转型升级进行了有力探索，如神华集团的“路港航运”一体化发展模式，兖矿集团的煤炭、化工、装备制造、金融投资的“四轮驱动”模式等

（一）第一阶段：政策扶持，企业迅速崛起（1949～1995年）

这一阶段是我国煤炭工业稳步发展阶段，煤炭工业按照“大中小一起上”精神，大力发展煤炭生产，缓解了煤炭供求紧张局面。

1949 年大同矿务局成立，直接隶属华北人民政府燃料工业部。国家先后共拨款 50 亿元，用于企业的改建和扩建，生产水平随着生产规模的扩大和采掘机械化的发展而不断提高。经过 20 世纪 50 年代的恢复建设，企业煤炭产量在 1959 年突破 1000 万吨大关（杜斌，2006）。随后在改革开放的推动下，企业依靠科技进步，1985 年煤炭产量达到 3080 万吨，是国内唯一年产突破 3000 万吨的特大型煤炭企业。

（二）第二阶段：煤炭市场疲软，发展陷入困境（1996 ~ 2001年）

1996 年，全国煤炭市场供大于求，由卖方市场变为买方市场，形成了先发煤、后付款的格局。这一阶段，是我国煤炭工业发展困难阶段，由于小煤矿数量迅速增加，煤炭价格陷入低谷，导致煤炭企业大面积亏损，煤炭工业发展举步维艰。

大同矿区只能以销定产，产量大幅下滑，应收账款居高不下，资金周转困难。再加上企业历史久、人员多、负担重以及企业办社会等多种因素的影响，一度陷入困境。1998 年大同矿区被下放到山西省管理。2000 年 7 月，大同矿务局正式改组为大同矿区。同年 10 月 30 日，国务院领导就研究解决大同矿区扭亏脱困问题召开现场会，提出了“煤炭市场好转，全国看山西，山西看大同”，并现场部署出台了一系列支持和优惠政策，为企业的发展创造了良好的政策条件（杜斌，2006）。

（三）第三阶段：市场转暖，企业高速发展（2002 ~ 2012年）

2002 年后，国际原油价格持续上扬，能源紧缺，煤炭市场开始复苏，价格开始上扬，进入了煤炭行业的“黄金十年”。这一阶段，是我国煤炭工业快速发展阶段，随着煤炭市场化改革不断深入，资源整合力度不断加强。大基地和大集团建设步伐加快，煤炭价格快速攀升，行业利润大幅增长，煤炭工业投资大幅增加，竞争力显著提高。

大同矿区的煤炭是世界最优质的动力煤之一。随着煤炭价格持续上升，大同矿区的经营情况出现较大幅度好转。2005 年末，大同矿区产销量突破 1 亿吨大关，成为全国特大型煤炭集团，销售收入、税收、利润大幅上升（杜斌，2006）。

（四）第四阶段：转型发展，建设新矿区（2013 ~ 2017年）

2013 年后，煤炭市场波谲云诡，煤炭价格严重下行，煤炭行业“黄金十年”结束，这一阶段，是我国煤炭工业探索转型阶段。各大煤炭企业纷纷对转型升级进行了有力探索，如神华集团的“路港航运”一体化发展模式，兖矿集团的煤、化、制造、金融投资的“四轮驱动”模式等。

大同矿区作为老矿区的一个传统煤炭企业，承担着更大的发展压力。大同矿区通过大力实施转型发展战略路径，在煤炭行情下行的情况下，仍保持了较好的经营势头，综合实力进一步提升，产业结构进一步优化升级，在煤炭市场低迷的态势下，逆势奋进。这一时期，大同矿区获得国家首批“矿产资源节约与综合利用示范基地”、第五批“国家级创新型试点企业”等称号。2017 年，大同矿区继续深化改革，深刻认识形势要求，加大转型升级力度，为实现行业地位日趋稳固提升、产业体系跨入高端新型、发展模式实现生态友好等目标不断奋进。

回顾发展历程，大同矿区与我国煤炭工业的发展一脉相承。大同矿区的发展史可谓我国煤炭工业发展的缩影，代表了我国煤炭工业的发展和需求。

二、大同矿区老矿区转型发展对于我国煤炭企业发展具有示范性

煤炭资源的不可再生属性决定了煤炭企业自身发展的周期性，面临资源向深部发展、资源日益枯竭的趋势，转型发展是煤炭企业的客观需要。

东北等资源型地区的老矿区，位于我国的老工业基地，受到思想观念、管理体制、企业包袱重等因素制约，提前谋划不足，同时缺少与其他企业、行业积极主动的沟通和交流，许多老矿区在资源枯竭时，面对产能过剩、行业竞争，企业逐步走向没落，错失了转型发展的时机和基础，很难为煤炭企业提供经验和借鉴。

而东部地区的煤炭企业受资源、环境、区域经济等条件约束，压煤村庄搬迁压力大、代价高，向煤炭产业发展和升级的空间相对较小；另外，东部地区煤炭产业在区域内的占比相对较小，经济较发达，向其他行业转型容易，其转型发展的经验对煤炭老矿区的借鉴意义有限。

大同矿区与许多老煤炭工业基地、国有煤炭企业情况类似，面临着资源枯竭、社会负担沉重的困境。相比于华东区、东北区的煤炭老矿区，大同矿区属于晋陕蒙等西部煤炭基地，煤层地质结构、煤炭品质以及发展历程、开发技术、区域发展环境与西部地区更为相似。对大同矿区老矿区进入转型再发展期的经验进行研究，对我国今后科学布局西部地区煤炭产业和提前谋划西部地区的转型发展具有重要的参考价值。因此，大同矿区的转型发展对于我国煤炭企业的转型发展借鉴性较强，具有重要的现实指导意义。

三、大同矿区老矿区转型发展对于山西省资源型经济转型发展具有典型意义

山西省是我国重要的能源基地和老工业基地，是国家资源型经济转型综合配套改革试验区，在推进资源型经济转型改革和发展中具有重要地位。2017 年，国务院颁布《国务院关于支持山西省进一步深化改革 促进资源型经济转型发展的意见》，全力支持山西省的转型发展工作。当前，山西省正处于转型发展的关键期，各种新矛盾、新问题、新挑战层出不穷，利益关系的调整、思想观念的冲击、社会舆论的质疑相互交织，给山西省的转型发展和稳定带来了严峻考验。

大同矿区是山西省国有传统煤炭企业，是山西省国企改革试点单位，也是职工人数多、社会包袱重的典型老国企。因此，大同矿区的转型发展尤为典型。只有大同矿区在转型发展方面发生了根本性的变化，取得了进展和成效，才能实现山西省资源型经济转型发展。

四、大同矿区“煤炭老矿区”的特点属性鲜明

大同矿区具有悠久的历史，有生产年代久、生产规模大、产业结构单一、社会负担大、人员职工众多等特点。

（一）生产年限久、生产规模大，资源接续性差

通过 70 余年的发展，大同矿区原煤产量规模不断扩大，长期的开采已使得素有“精粉”之称的侏罗系煤炭资源可采比例不足 2%，仅剩一批零星散布的区块，后续接续十分困难；而石炭二叠系煤炭资源的占比却高达 98%，煤质相比于侏罗系差距较大，煤炭开采产业的经济效益大幅降低。

（二）产业结构单一，抗风险能力较差

尽管大同矿区积极布局煤电一体化、资源利用及煤化工等产业，但是由于刚刚起步，煤炭利用产业基础仍较为薄弱，与煤炭开采无关联或者关联性较小的产业优势较小且效益较差。总体看来，大同矿区对煤炭资源的依赖度较大，盈利模式单一，抗风险能力较差，产业结构单一，企业转型升级较难。

（三）企业办社会负担重，职工数量多

大同矿区承担着大量的社会负担。在多重因素下，大同矿区的非盈利性资产比重较大，如企业建设的住房、学校、医院等，企业负债盈利情况较差时，容易造成资金链断裂等问题。此外，大同矿区拥有 20 万员工和 80 万员工家属，离退休职工的养老金、冗员职工的失业保险金等积累性支出较多，加大了企业的杠杆率和负债率。

总之，大同矿区作为资源枯竭型老矿区的典型，面对煤炭行业严峻复杂的形势和新时代的新要求，必须探索出自己的转型发展道路，同时为老矿区的转型发展提供重要的经验借鉴。

第二节　大同矿区“四元”协同发展模式意义

一、践行了高质量发展新理念

大同矿区“四元”协同发展模式深入践行了高质量发展理念，实现了

大同矿区新旧动力转换及创新、协调绿色发展。

（一）优化产业结构，实现新旧动能转换

一是将减量重组与培育优质产能并举，推动煤炭产业升级。大同矿区建成了 10 座千万吨级矿井的先进产能矿井，关闭退出 6 座矿井，推进了 5 座老矿水平延伸工程，使先进产能占比达到 61.7%。千万吨级矿井集群的建设，使大同矿区在市场竞争中有更好的抗风险能力，推动了煤炭产业的升级发展。

二是实现新旧动能转换。2018 年，大同矿区的大金融平台基本全部形成，全牌照产融投一体化格局初见成效。物流贸易、机械制造、文化旅游等多业并举、优势互补的上下游产业链，实现了新旧动能转换。

（二）创新引领发展，提升技术水平

科技创新是企业发展的核心竞争力。大同矿区以创新引领发展，取得了一大批重大科技成果——“特厚煤层大采高综放开采关键技术”荣获 2014 年度国家科技进步一等奖，解决了特厚煤层开采的世界性难题；在国际上首创“千万吨级高效综采关键技术创新及产业化示范工程”；推广应用小（无）煤柱开采技术，提高矿井回采率 15% ~ 20%。在科技进步的带动下，生产的机械化、智能化水平不断提高。

（三）协调绿色发展，建设高品质循环经济园区

大同矿区塔山循环经济园区是全国煤炭行业建成的第一个规划完整的高科技、高品位、高效益的循环经济园区。2011 年园区被确定为“中国循环经济典型模式案例”“国家首批矿产资源综合利用示范基地”，并获得“中国工业大奖表彰奖”。塔山园区的成功实践彻底改变了传统

煤矿“黑、脏、乱”的形象，唱响了发展循环经济的主旋律，标志着大同矿区开创了黑色煤炭绿色开采、科学发展的新路。

二、发展了煤炭企业转型升级的理论与实践

转型升级一直是困绕资源型企业的难题，许多煤炭企业在转型升级方面进行了探索。如神华集团、兖矿集团等（见表10–2）。

表10-2　　不同煤炭企业转型模式对比

企业名称	神华集团	兖矿集团	大同矿区
转型模式	“路港航运”纵向一体化	国际化发展	“四元”协同发展
模式实施的背景	1.拥有西部大量优质煤炭资源，具有较强议价能力 2.神华集团强大的资金、技术和人才实力使其在基础设施建设、重点生产项目实施、战略性前沿技术研发乃至国有企业管理制度改革等众多领域，都具有先行先试的条件，也因此能够获得一些优惠政策和优先机会	1.兖矿集团本部可采储量约16亿吨，扣除“三下”压煤后，仅可开采20年左右。急需解决后续煤炭资源储备不足问题 2.多年来兖矿集团研究开发并成功运用具有国际领先水平的综采放顶煤成套技术，该技术已在澳大利亚获得专利，是最具对外输出条件的先进技术 3. 兖矿集团具有丰富的资本运营经验，在2000年先后兼并了鲁南化肥厂、日照比特公司等	1.生产年限久、生产规模大，煤炭资源日趋减少，矿区经济可采储量降低 2.产业结构单一、抗风险能力较差。对煤炭的上下游控制程度较低，其他非煤产业发展较差 3.企业办社会负担重、职工数量多。大同矿区拥有20万员工和80万员工家属，同时还承担着大量的社会负担
模式的特点	上下游联动，从而有效发挥了范围经济和规模经济效应，具备了显著的生产成本优势	能充分利用国际资源、资本、自有技术等条件	以产业间协同发展为原则，实现各产业的协调发展、集群化发展，从而提升传统产业

从表 10–2 可以看出，大同矿区不具备像神华集团等新型煤企的资源优势，也没有丰富的资本运营经验，而是与多数老煤炭工业基地、煤炭国有企业情况类似。大同矿区面对部分矿井资源枯竭、80 万职工家属、“三供一业”负担重等难题，依然坚持立足山西大同矿区，以产业间协同发展为原则，积极布局相关产业，探索了“四元”协同发展模式，保证了各产业间的协同发展，有力地推动了新老矿井开发、煤炭利用与开发、新兴产业与传统产业、环境与经济的有机融合和持续改进，实现了各产业的协调发展、集群化发展，从而提升传统产业，为煤炭企业转型发展提供了典型范例，进一步丰富了煤炭企业转型发展模式，发展了煤炭企业转型升级理论。

三、开拓了煤炭老矿区可持续发展之路

大同矿区“四元”协同发展破解了煤炭老矿区可持续发展的瓶颈问题，从根本上解决了煤炭企业发展面临的窘迫环境，同时，通过转型发展实现了产业的进一步升级，开拓了煤炭老矿区可持续发展新路径。

（一）破解了老矿区可持续发展的瓶颈问题

老矿区的主要问题是煤炭资源差、成本高、用人多、亏损大，最核心的问题是人员的转移安置问题。外部扩展是解决老矿区问题的根本出路，老矿区的问题必须在发展中去解决。大同矿区“四元”协同发展模式，改变了老矿区以煤炭开采为单一产业的经济结构模式，从根本上破解了资源枯竭限制企业发展的瓶颈问题。“四元”协同发展进一步强化了大同矿区可持续发展，避免在转型发展过程中走弯路，加速了大同矿区老矿区的转型发展。

（二）实现了老矿区资源的优化配置

“四元”协同发展模式重新优化了老矿区的技术、人才、资金等资源的配置，老矿区的先进技术经验可以快速应用实施，老矿区优秀人员能妥善安置，老矿区的资金积累可以转换为生产力。“四元”协同发展模式确保了老矿区资源的物尽其用，充分发挥了老矿区各种资源的价值，实现了资源和产业的完美对接。

第十一章

煤炭老矿区转型发展展望

受国民经济增速放缓、产业结构和能源结构双重调整和国家加大环境治理力度等多重因素影响，煤炭行业正经受着煤炭消费增速放缓、低碳能源快速增长等多重不利因素冲击，导致全国煤炭总量将长期过剩，行业上中下游企业利益格局已经发生重大变化，一大批成本高、煤质差、效益低的涉煤企业已处于生死存亡的边缘，煤炭老矿区面临的发展环境将更加严酷，要生存发展，就必须抓住市场机遇，创新发展模式，提升管理水平，实现转型发展。

展望未来，大同矿区在其转型发展过程中的成功经验，对煤炭老矿区的转型发展有如下重要启示。

一、注重产业发展规律及时实施转型升级

煤炭老矿区经过长期超强度开采，煤炭资源萎缩，有效可采储量锐减。随着低碳经济的兴起、新能源的应用，煤炭在国家能源结构中的比例将逐渐下降。从自身资源条件和外部形势来看，煤炭老矿区单纯依靠扩能增产已不再符合市场需求，应及时对经济形势的变化作出调整，转变生产方式，避免出现产品、企业被替代的危机，努力实现内涵式增长。

二、注重依托原有优势开发新业务

大同矿区在战略转型前仔细地分析了其自身优势，选择与市场紧密结

合、能充分利用自身原有优势并可以快速应用的新产业作为转型的核心。大同矿区从煤炭产业全面进入煤化工、金融、物贸产业等专业领域时，将其人才管理技术、自身科研技术直接应用于新产业；在金融产业的发展过程中，大同矿区收购了和晋融资担保公司，并与自身的财务公司、融资租赁公司相结合，整合起了强大的产融投一体化平台，从而为转型的成功奠定了良好的基础。

因此，煤炭老矿区在转型过程中应注重对现有区位优势、技术优势等的利用，依托自身原有优势引进新技术，发展新业务（秦容军，2015）。

三、注重转型过程中新旧产业的平衡

从大同矿区转型发展的经验可以看出，煤炭老矿区在实施转型过程中注重传统煤炭产业与新产业的平衡是转型成功的重要因素。大同矿区在转型发展过程中，并没有完全放弃煤炭产业的发展，而是在适度扩张煤炭产业的基础上，发展新产业。

因此，煤炭老矿区在转型发展过程中应重视传统煤炭产业的发展，传统煤炭产业的发展保证了大力发展新产业所需要的高额现金流，从而为煤炭老矿区的转型提供了安全稳定的保障。

四、注重战略转型过程中企业应当承担的责任

大同矿区在转型过程中十分注重企业应当承担的责任。大同矿区衰老矿井相对较多，当进行产业调整时，一些传统业务面临收缩，原有员工面临裁减。大同矿区对从事传统业务的员工进行了妥善安置。因此，大同矿区在转型过程中没有出现大的动荡，优秀员工和主要管理人员继续在公司

工作，使得大同矿区在战略转型期间得以平稳过渡。

大同矿区转型经验表明，高度关注企业应当承担的经济、社会和环境等全面的责任，有助于煤炭老矿区转型的平稳过渡（刘宝亮，2010）。

五、注重品牌优势

从大同矿区转型经验来看，煤炭老矿区转型要注重品牌优势。品牌具有识别商品的功能，为广告宣传等促销活动提供了基础，对消费者购买商品起着导向作用。良好的品牌，有利于新产品进入市场，名牌产品对顾客具有更强的吸引力，有利于提高市场占有率（韩菁，2004）。

因此，煤炭老矿区应积极培育自身的核心竞争力，培育和打造知名的品牌。始终把提高自主创新能力作为增强核心竞争力的关键环节和可持续发展的重要战略，积极树立企业品牌、产品品牌与企业的良好形象。

六、注重利用先进管理经验

先进的管理经验，能帮助企业在转型发展时缓解新产业的技术学习效应，快速适应新产业的技术体系。大同矿区转型经验也表明：利用先进的管理经验进行转型发展，将有助于企业跨越新旧产业的产业壁垒。大同矿区是由几万吨年产量的小企业发展而成的年产千万吨煤炭的大型企业，发展过程中积累了丰富的管理经验。近年来，大同矿区不断推进的“五活五化”经营模式、精细化管理等为主要内容的管理创新，取得了良好的经济和社会效果。

因此，煤炭老矿区在进行转型发展过程中应充分利用自己的先进管理经验。

参考文献

[1] 白向玉. 矿区生态环境问题与矿区环境信息系统探讨[C]，2003.

[2] 柏广新. 以人才强企战略 推动转型跨越发展[J]. 新长征，2012（8）：16–17.

[3] 蔡埃仓. 浅谈神华集团一体化运营模式[J]. 内蒙古煤炭经济，2014（10）：40–41.

[4] 陈茜，任世华. 新时代商品煤供应质量要求研判[J]. 煤炭经济研究，2019，39（3）：54–58.

[5] 陈旭忠. 加强安全高效矿井建设 提升煤炭核心竞争力[J]. 中国煤炭，2014（7）：131–134.

[6] 陈英义. 北方农牧交错带沙尘源植被恢复决策支持系统研究[D]. 中国农业大学，2005.

[7] 崔涛. 煤炭企业多元化、产业协同与企业绩效研究[D]. 中国矿业大学，2016.

[8] 董新. 新汶矿业集团发展战略研究[D]. 天津师范大学，2012.

[9] 杜斌. 大同煤矿集团公司发展历程研究[J]. 华北金融，2006（S2）：59–61.

[10] 佟雪娜. 产业价值链视角下的移动音乐[J]. 福建论坛（人文社会科学版），2012（8）：29–33.

[11] 樊雯翔. 着力提升“三个能力”助推企业跨越发展[J]. 煤炭经济研究，2013，33（2）：33–34.

[12] 范德成，李昊. 基于复合有序度模型的中国产业结构演化动力子系统间的有序度分析[J]. 中国科技论坛，2016（2）：41–47.

[13] 谷敬煊，姚立军. 借资本市场之力实现“煤电一体化”战略的实践探索[J]. 煤炭经济研究，2013，33（1）：34–38.

[14] 关荆晶，刘泉，曹淑芬. 协同学视角下的大学英语显性教学与隐性教学[J]. 海外英语，2015（5）：70–71.

[15] 郭金刚. 老矿区煤炭资源可持续开发的创新与突破——以大同塔山双纪煤田矿井建设为例[J]. 煤田地质与勘探，2018，（3）：34–40.

[16] 郭金刚. 大同矿区千万吨级矿井群建设开发模式研究[J]. 中国矿业，2018（4）：23–27.

[17] 郭金刚. 新常态下大同矿区协同创新资源整合路径研究[J]. 中国煤炭，2016，42（11）：5–11.

[18] 韩菁. 浅论企业品牌营销战略[J]. 上海轻工业，2004（5）：33–34.

[19] 郝建成，王成彪. 循环经济视角下的煤炭工业可持续发展研究[J]. 煤炭工程，2012（6）：128–130.

[20] 郝亚娟. 思想大解放的成功实践——贾汪高质量转型发展研究[J]. 淮海文汇，2018（6）：23–27

[21] 洪浪. 如何做到金融与实体的深度融合[J/OL]. 搜狐网，2017–06–13.

[22] 洪浪. 大同矿区循环经济产生大效益[J/OL]. 中国煤炭网，2017–06–28.

[23] 洪浪. 转型升级阔步前行[N]. 中国矿业报，2016–12–14.

[24] 洪浪，李中良. 金融血脉固实体之本[N]，中国能源报，2017–03–27.

[25] 洪浪，张弛. 金融成为大同矿区第三大产业板块[J/OL]. 中国煤炭网，2018–07–31.

[26] 侯全海，杨芊. 黑色煤炭，清洁利用，循环经济，转型发展——大同矿区塔山循环经济园区建设发展的探索和实践[J]. 中国煤炭，2018，44（11）：146–149.

[27] 胡恒松. 产融结合监管问题及制度创新研究[D]. 中央民族大学，2013.

[28] 胡祖铨. 产融结合的现实意义及动机[J]. 财经界（学术版），2017（12）：7–8.

[29] 姜霞. 湖北省承接新一轮产业转移的战略对策[J]. 经营与管理，2010（12）：29–31.

[30] 寇永英. 大同煤矿集团循环经济模式及企业可持续发展战略研究[D]. 吉林大学，2015.

[31] 李宏彦. 大同晋华宫矿国家矿山公园煤矸山景观设计初探[D]. 华东师范大学，2010.

[32] 李利香. 浅谈晋华宫国家矿山公园建设成效[J]. 科技信息，2014（9）：190–190.

[33] 李敏. 煤业集团发展现代物流产业的思考与实践[J]. 煤炭经济研究，2008（2）：10–12.

[34] 李霞. 试论大型国有能源企业物流发展方向[J]. 智富时代，2015（10）：78–78.

[35] 李莹英. 运输结构分析与协调性评价研究[D]. 北京交通大学，2010.

[36] 李志科. 技能人才培养的泰山路径——泰安市泰山区大力实施“红领行动”创新技能人才培养模式[J]. 山东人力资源和社会保障局，2010（12）：16–17.

[37] 廉永哲，祝翔凌. 七台河市资源枯竭城市产业转型模式研究[J]. 山西建筑，2012，38（10）：14–16.

[38] 梁钰. 煤炭矿区循环经济发展模式研究[D]. 中国矿业大学（北京），2009.

[39] 刘帮照，陈汉飞，曹耀江. 预拌混凝土原材料应用及质量控制的心得[J]. 广东建材，2016（9）：13–15.

[40] 刘东娜. 大同双纪含煤盆地煤变质作用与沉积–构造岩浆活动的耦合关系[D]，太原理工大学，2015.

[41] 刘丽静. 煤矿安全管理系统的研究应用[D]. 南京理工大学，2007.

[42] 刘咏梅. 云南煤炭系统供应物流现状及问题[J]. 科技创业月刊，2011，24（2）：86–87.

[43] 刘永青. 解读“塔山模式”——大同煤矿集团公司塔山工业园区发展循环经济纪实[J]. 中国城市经济，2008（1）：122-127.

[44] 马俊. 神华纵向一体化运营模式的现状与未来[J]. 煤炭经济研究，2016（1）：40-46.

[45] 马磊. 兖矿集团：构建“兖矿特色”的管理模式[J]. 经营与管理，2012（5）：21-22.

[46] 马勇，陈慧英. 基于产业融合的旅游全价值链体系构建研究[J]. 旅游研究，2012，4（2）：1-6.

[47] 马玉宝. 大同矿区构建“五活五化”大经营格局[N]. 中国矿业报，2012-05-05.

[48] 马玉宝，赵军. “生产在前头，出班在后头”——记感动中国的矿工、大同矿区塔山煤矿综采一队队长沈明[J]. 当代矿工，2012（9）：51-51.

[49] 苗春雨. 浅谈水利水电工程的施工分包管理[J]. 价值工程，2011，30（9）：242-242.

[50] 宁保全. 朔州煤炭经济可持续发展浅谈[C]，2006.

[51] 牛克洪，杜钟泉，马金泉. 资本运营，跨国发展——兖矿集团实施由国内资本运营向国际资本运营转变模式[C]，2013.

[52] 牛克洪，杜钟泉，马金泉. 兖矿集团成功实施国际化战略实务分析[J]. 煤炭经济研究，2013，33（2）：42-45.

[53] 秦容军. 大型煤炭企业集团转型发展的经验和启示[J]. 煤炭经济研究，2015，35（4）：18-21.

[54] 史禹. 给力安全培训　打造本质安全型员工[J]. 现代职业安全2011（2）：68-70.

[55] 宋超. 以社会主义核心价值观引领国企思想政治工作[J]. 江汉石油职工大学学报，2015（6）：75-77.

[56] 宋立杰. 大同煤矿加强煤炭资源节约和环境保护的途径研究[J]. 煤炭经济管理新论，2013（0）：121-123.

[57] 苏伟洲，王成璋. 基于DEA的四川省城市水资源承载力评价研究[J]. 西南民族大学学报（人文社科版），2015，36（10）：116-119.

[58] 苏云成. 中央企业产融结合研究[D]. 财政部财政科学研究所，2012.

[59] 孙成勋，李红彦，李润琴等. 层次分析法在管理水平综合评价中的应用[J]. 工业技术经济，2013（9）：72-78.

[60] 王静，王延清，何德权. 基于多层前馈神经网络的个人信用评分模型[J]. 经济师，2004（12）：20-21.

[61] 王蕾. 煤炭科学开采系统协调度研究及应用[D]. 中国矿业大学（北京），2015.

[62] 王连军. 企业人才培养的四个重点[J]. 人力资源，2011（6）：58-61.

[63] 王向岭. 政校行企四方联动模式下校企合作长效机制的模型构建与战略思考[J]. 南方职业教育学刊，2012，2（4）：104-108.

[64] 王政宏. 煤炭技术装备的现状分析[J]. 太原科技，2006（11）：28-28.

[65] 吴晖. 基于供给侧改革的高校创业课程建设研究[J]. 黑龙江教育学院学报，2019（2）：34-36.

[66] 伍青，陈东平. 主导产业与辅助产业如何选择[J]. 国防科技工业，2007（3）：29-30.

[67] 吴雪玲，韩旭. 山西省各地级市城市功能演变过程及其影响因素研究[C]，2017.

[68] 吴育芳. 基于层次分析法的高校图书馆网站综合评价[J]. 情报探索，2011（5）：37-40.

[69] 吴志斌. 低碳经济环境下大同煤矿集团循环经济发展对策研究[D]. 吉林大学，2013.

[70] 辛佳璇，李德忠. 转型发展正当时——大同矿区打造三大产业、推动可持续发展纪实[J]. 人民法治，2015（6）：110-113.

[71] 邢保平. 大同矿区建设塔山循环经济园区的思路与实践[J]. 煤炭经济研究，2009（12）：89-90.

[72] 熊琛，李名勇. 福建省土地利用结构合理性动态分析[J]. 亚热带水土保持，2010，22（3）：6-10.

[73] 徐军库. 关于绿色机场理念在机场选址阶段的落地探讨[J]. 民航管理，2019（4）：45-46.

[74] 徐婷婷. 构筑管理“金字塔”撑起煤矿安全天[J]. 科技致富向导，2013（27）：160-160.

[75] 闫沛禄. 资源型城市可持续发展的探索与实践[D]. 中国地质大学（北京），2011.

[76] 闫思杨. S集团铬业务竞争战略研究[D]. 大连理工大学，2018.

[77] 闫志强，于洪海. 从“卖能源”走向“卖制造”[N]. 中国能源报，2009-11-16.

[78] 杨军军. 我国老矿区煤炭企业可持续发展研究[J]. 煤炭经济研究，2018，38（9）：60-64.

[79] 杨万立. 试论煤炭企业的转型创新策略[J]. 现代商业，2010（36）：259-259.

[80] 袁志彬，宋雅杰. 中美资源型城市转型模式比较[J]. 高科技与产业化，2008（Z1）：110-113.

[81] 张风达. 基于熵值法的传统煤企转型协同发展评价研究[J]. 煤炭经济研究，2018（5）：58-62.

[82] 张洪亭. 纺织服装企-业人才需求情况的初步分析[J]. 济南纺织服装，2011（3）：7-10.

[83] 张晖，张德生. 产业链的概念界定——产业链是链条、网络抑或组织？[J]. 西华大学学报（哲学社会科学版），2012（4）：85-89.

[84] 张晋伟，郭箭，闫静文. 金融支持煤炭行业转型发展研究——以山西省为例[J]. 金融发展评论，2013（8）：97-103.

[85] 张俊玲，任昭. 国家矿山公园旅游资源可持续发展探析——以大同晋华宫国家矿山公园为例[J]. 中华民居（下旬刊），2014（2）：164-165.

[86] 张茂荣，梁建武，陈晴宜等. 当前国际能源形势分析[J]. 国际研究参考，2019（3）：1-9.

[87] 张雅. 钢铁产业生态化设计与政策选择[J]. 中国人口·资源与环境，2012，22（7）：162-166.

[88] 张志军. 国外资源型城市经济转型成功经验启示[J]. 市场论坛，2010（12）：19-20.

[89] 赵保太. 浅谈提升煤矿安全文化的执行力[J]. 中州煤炭，2007（4）：94-95.

[90] 祖智君. 蒙中与晋西北地区煤炭资源开发研究[D]. 中央民族大学，2007.